KB139938

법률용어의 구조적 정의에 의한

온톨로지 구축과
의미 검색에 관한 연구

A Study on the Extracting Ontologies
from Structural Definition-Based Legal Terminology
and the Semantic Retrieval

법률용어의 구조적 정의에 의한

온톨로지 구축과
의미 검색에 관한 연구

A Study on the Extracting Ontologies
from Structural Definition-Based Legal Terminology
and the Semantic Retrieval

현은희 지음

논문 요약

법률용어의 구조적 정의에 의한
온톨로지 구축과 의미 검색에 관한 연구

웹 분야에서 의미 검색과 웹 자원의 공유를 목표로 온톨로지 구축에 대한 연구가 활발해짐에 따라, 국가기관에서 검색 보조도구로 활용하고 있는 용어 검색 기반의 시소러스를 온톨로지로 발전시켜야 할 필요성이 증대되어 왔다. 본 연구에서는 실제 활용되는 국회도서관 시소러스의 법률 분야 디스크립터를 대상으로 의미관계 구조의 개선을 통하여 온톨로지 변환이 가능한지를 확인하고자 하였다. 시맨틱 웹 설계를 위한 최근의 주요 정보기술 동향을 반영하여 본 연구에서는 STNet의 구조적 학술용어사전 구축 방법론과 모형을 적용하였으며, 기존의 시소러스 디스크립터를 분석하여 구조적 용어 정의 방식(SDBT)으로 재설계하기 위하여 법률용어 디스크립터 12,200건을 추출하고, 현행 법령 4,990건 등을 수집하였다. 법률용어에 대한 택사노미를 개발하고 관계 술어를 추출하는 과정을 토대로 관계형 데이터베이스(RDB)를 설계하여 구축하였고, RDB 데이터의 RDF 변환, 온톨로지 구조에 대한 추론 기능 검증을 위하여 SPARQL 쿼리를 통하여 의미 검색의 결괏값을 평가함으로써 법률용어의 구조적 정의에 의한 온톨로지 변환을 검증하였다.

본 연구의 주요 연구 결과를 정리하면 다음과 같다.

첫째, 법령 도메인의 관련 정보를 통합적으로 수용할 수 있는 텍사노미 구조를 도출하기 위하여 주요 국가기관에서 구축한 법률정보시스템의 분류체계를 분석하여, 도메인에서 공통으로 채택하고 있는 법령의 분야별 구분(총 44편 215장)을 STNet의 텍사노미 구조에 대응하여 매칭함으로써 법률용어와 현행 법령에 동시에 적용할 수 있는 법령정보의 텍사노미 구조를 개발하였다.

둘째, 국가법령정보센터에서 제공하는 법령명의 메타데이터 속성을 법령 인스턴스에 대한 개념 속성으로 정의하였고, 법령명의 '분야명' 속성 구분을 다른 법령용어들과 의미적 관계를 형성시켜주는 연결 지시기호가 될 수 있도록 코드형으로 체계화하여 정의하였다.

셋째, 법령명 클래스에서 정의한 개념 속성 10개 항목과 법률용어 간의 의미관계를 표현해 주는 관계 속성 총 32개 항목(역관계 12set 포함)을 명세화하여, 웹 데이터의 상호운용성을 높이기 위해 LOV에서 동일 속성을 표현해 주는 '술어(terms)'를 매핑함으로써 법률용어에 대한 시맨틱 어휘(Vocabulary)를 구성하였다.

넷째, 법률 분야에 맞도록 개발된 텍사노미 구조와 관계 술어를 바탕으로 법률용어를 구조적으로 정의하여 관계형 데이터베이스로 구축하였다.

마지막으로 RDB의 법률용어 데이터를 RDF로 매핑하기 위하여 D2RQ 서버 시스템을 적용하여 온톨로지 변환 작업을 수행하였고, 온톨로지 구조에 대한 기본적인 설정의 오류를 검증한 다음 추론 시나리오에 의하여 SPARQL 쿼리를 수행함으로써 의미 검색이 가능함을 검증하였다.

본 연구는 구조적 용어 정의 방식을 통하여 기구축된 시소러스를 온톨로지로 발전시킬 수 있음을 확인한 연구라는 점에서 의의를 지니며, 특히 법률 분야에서 법령과 판례, 법률 문헌에 공통으로 적용할 수 있도록 법률의 '분야명' 클래스와 법령명의 메타데이터를 속성으로 정의함으로써 법령정보 온톨로지 구축을 위한 토대를 마련하였다. 향후 법률, 역사 등 분야별로 심화된 연구 분석을 통하여 개별 학문 분야로 혹은 도메인별로 부문별 온톨로지 개발을 위하여 클래스와 속성을 구조적으로 정의하는 후속 연구가 이어지기를 기대한다.

주제어: 법률 시소러스, 법령정보 온톨로지, 지식조직체계, 용어관계 사전, 어휘사전, 구조적 용어 정의, Structural Terminology Net

목차

논문 요약 / 5

제1장 서론

1.1 연구의 필요성 ·· **19**

1.2 연구의 목적 및 연구 문제 ······················· **24**

1.3 용어의 정의 ·· **26**

제2장 이론적 배경 및 선행 연구

2.1 이론적 배경 ·· **35**

  2.1.1 시소러스와 온톨로지 ························· **35**

    2.1.1.1 시소러스와 시소러스의 한계 극복 ········· **35**

    2.1.1.2 시소러스와 온톨로지의 차이 ············· **40**

    2.1.1.3 온톨로지의 관계 술어 적용에 의한
        시소러스 개선 ································· **43**

  2.1.2 전산언어학 적용 시스템 ····················· **46**

    2.1.2.1 WordNet ································· **47**

    2.1.2.2 ConceptNet ···························· **51**

  2.1.3 구조적 엔터티 정의시스템 ··················· **54**

    2.1.3.1 STNet ·································· **54**

    2.1.3.2 Schema.org ···························· **58**

2.2 선행 연구 ··· **63**

  2.2.1 텍사노미에 관한 연구 ······························ **63**

  2.2.2 관계 술어에 관한 연구 ····························· **63**

  2.2.3 관계형 데이터베이스의 RDF 온톨로지

      변환 방식에 관한 연구 ······················ **66**

  2.2.4 추론 규칙에 관한 연구 ····························· **72**

  2.2.5 법령 온톨로지에 관한 연구 ····················· **74**

2.3 선행 연구 분석 ··· **77**

제3장 연구 방법

3.1 연구 모형 ··· **83**

3.2 연구 절차 ··· **86**

3.3 단계별 연구 방법 ··· **87**

  3.3.1 텍사노미 개발 ······································· **87**

  3.3.2 클래스와 속성 정의 ································ **89**

  3.3.3 시맨틱 어휘 구성 ··································· **92**

  3.3.4 관계형 데이터베이스 구축 ····················· **93**

  3.3.5 온톨로지 변환 ······································· **95**

3.3.5.1 RDF, RDFs, OWL ································ **95**

3.3.5.2 RDF 변환기 ································· **96**

3.3.6 의미 검색 평가 방법 ······························· **97**

3.3.6.1 온톨로지 추론 구조 검증 ················ **97**

3.3.6.2 추론 시나리오 생성 ······················ **97**

3.3.6.3 검색 질의문 작성 및 평가 ···················· **100**

제4장 구조적 정의 기반 용어 데이터베이스 구축

4.1 용어 추출 및 현행 법령 수집 ····························· **107**

4.2 텍사노미 분석 ····································· **111**

4.2.1 국가기관 법령정보시스템의 텍사노미 구조 ········· **112**

4.2.2 법률용어 주제 분류 분석 및 텍사노미 재설계 ····· **114**

4.2.3 법령정보 온톨로지를 위한 텍사노미 구조화 ········ **118**

4.3 시맨틱 어휘 적용 ································· **122**

4.4 구조적 정의 기반 데이터베이스 구축 ··························· **129**

제5장 온톨로지 변환 및 의미 검색

5.1 온톨로지 변환 ··································· **138**

5.2 온톨로지 구조 검증 ····························· **140**

5.3 추론 시나리오 ································· **145**

5.4 SPARQL 쿼리 결과 ··························· **150**

제6장 결론

참고문헌 ································· 170

부록 1. STNet 텍사노미 및 개념 속성 ·············· 178

부록 2. STNet 관계 술어 ······················ 189

부록 3. 대한민국현행법령의 분야별 분류체계 ·········· 192

Abstract / 199

표 목차

〈표 1〉 Sager and L'Homme와 김태수의 정의 모형 요소 ·················· **37**

〈표 2〉 통제어 개념체계 도구 ··· **40**

〈표 3〉 ERIC 시소러스와 온톨로지의 개념관계비교 및
온톨로지 의미관계에 의한 추론 규칙 ···························· **42**

〈표 4〉 AGROVOC 시소러스와 온톨로지의 개념간 관계비교 및
온톨로지에 의한 추론 규칙 ··································· **43**

〈표 5〉 WordNet에 정의된 의미관계 유형 ······························· **48**

〈표 6〉 STNet 주요 기술 항목 개요 ···································· **55**

〈표 7〉 최상위 타입 Thing의 속성 ····································· **62**

〈표 8〉 연구 절차 ··· **87**

〈표 9〉 국가법령정보센터(법제처)의 분야별 법령 구분 ··················· **88**

〈표 10〉 국가기관 법령정보시스템 및 법령정보 제공 범위 ··············· **89**

〈표 11〉 국가법령정보센터의 현행 법령 메타데이터(제1편 헌법) ········ **90**

〈표 12〉 STNet의 개념범주(클래스) 설정 및 법률용어 적용사례 ········ **91**

〈표 13〉 LOV에 등록된 법률 분야 시맨틱 어휘 ························· **93**

〈표 14〉 클래스 및 속성 필터링을 위한 입력 비율 계산식 ·············· **98**

〈표 15〉 추론 시나리오 생성을 위한 클래스 및
속성 필터링 방법 ·· **99**

〈표 16〉 추론 시나리오 1에 대한 SPARQL 질의문 ···················· **101**

〈표 17〉 국회도서관 용어관계사전DB 용어 구축 현황(대분류) ········ **108**

〈표 18〉 국회도서관 용어관계사전 추출 법률 디스크립터 및
용어 현황 ·· **109**

〈표 19〉 국회도서관 용어관계사전DB에서 추출된 법률용어 디스크립터
및 용어관계(일부) ··· **109**

〈표 20〉 법제처 국가법령정보센터 현행 법령 수집 현황 ················ **111**

〈표 21〉 법령, 판례, 용어의 텍사노미 구조 ···························· **112**

〈표 22〉 국회법률도서관 주제 분류를 위한 텍사노미(대주제) ······· **115**

〈표 23〉 국회법률도서관 주제 검색을 위한
분류체계(대주제-헌법편 일부) ····························· **115**

〈표 24〉 법령의 분야별 분류체계(총 44편 215장 중 일부) ··········· **119**

〈표 25〉 STNet 텍사노미와 법령의 분야명 매칭 현황 ··················· **120**

〈표 26〉 법령의 분야명 구분에 대한
STNet 개념범주 매칭 결과 ····························· **121**

〈표 27〉 LOV에서 추출한 법률 관련 Property 사례 ····················· **124**

〈표 28〉 법률/법령명 클래스의 개념 속성 명세화 ························· **125**

〈표 29〉 법률 분야에 적용되는 STNet의 관계 속성 ····················· **125**

〈표 30〉 LOV의 술어 'hasPurpose' ···································· **127**

〈표 31〉 STNet 법률 분야 관계 속성 기술을 위한
LOV의 술어 ·· **128**

〈표 32〉 LOV를 적용한 법률/법령명의 속성 ····························· **129**

〈표 33〉 데이터베이스 설계를 위한 기본구조 ··························· **130**

〈표 34〉 법령의 분야명 속성코드(일부) ································· **133**

〈표 35〉 Pellet 추론기의 검증 항목 ··································· **143**

〈표 36〉 1단계 추론 시나리오: X1-Y1 관계 ···························· **147**

〈표 37〉 2단계 추론 시나리오: Y1-Y2 관계 ···························· **148**

〈표 38〉 법률 분야에 대한 의미 검색 시나리오 ························ **150**

〈표 39〉 시나리오 2의 SPARQL 질의문 ································· **151**

〈표 40〉 시나리오 3의 SPARQL 질의문 ································· **153**

〈표 41〉 시나리오 4의 SPARQL 질의문 ································· **154**

〈표 42〉 시나리오 5의 SPARQL 질의문 ································· **155**

〈표 43〉 시나리오 6의 SPARQL 질의문 ································· **156**

〈표 44〉 검색시나리오에 따른 의미 검색 결과 종합 ···················· **158**

그림 목차

〈그림 1〉 법률과 법령, 법령의 위계 ···························· 27

〈그림 2〉 Sager와 L'Homme의 용어 정의 모델 및 적용사례 ·········· 39

〈그림 3〉 WordNet에 표현된 명사의 의미관계 네트워크 ·········· 49

〈그림 4〉 WordNet의 계층망 모형과 <isA> 관계 ···················· 50

〈그림 5〉 ConceptNet의 구조와 특성 ···························· 52

〈그림 6〉 동사구, 전치사구 등으로 구조화된
ConceptNet2.0 의미망 ···························· 53

〈그림 7〉 ConceptNet5이 생성하는 고도의 지식으로
연결된 개념의 클러스터 ···························· 54

〈그림 8〉 STNet의 텍사노미(중위범주)와 관계 술어 ············ 56

〈그림 9〉 Microdata(itemscope, itemtype)를 사용하여
콘텐츠를 표현하는 방법 ···························· 56

〈그림 10〉 itemprop를 사용한 속성 표현 ···························· 60

〈그림 11〉 embedded items를 사용한 속성값에 대한 속성 표현 ········ 60

〈그림 12〉 schema.org의 최상위 범주 및 계층구조 ················ 62

〈그림 13〉 STNet 인명 클래스의 개념간 관계모형 ················ 84

〈그림 14〉 텍사노미와 클래스 속성 연관관계 모형 ················ 85

〈그림 15〉 개념 속성의 연관관계 상세 모형 ···················· 86

〈그림 16〉 용어의 구조화에 의한 데이터베이스 구축 과정 ········· 94

〈그림 17〉 추론 시나리오 1의 온톨로지 구조와
SPARQL 쿼리 결과 ···························· 102

〈그림 18〉 공공데이터 활용을 위한 정보공개청구 처리 절차 ········· 108

〈그림 19〉 법률 주제 분야 텍사노미 재설계의 필요성 ············ 117

〈그림 20〉 법률용어 및 법령명의 클래스와 개념 속성 표현 ········· 132

〈그림 21〉 법률용어와 법령과의 의미적 관계 ···················· 134

〈그림 22〉 D2R 서버의 시스템 모형 ···························· 139

〈그림 23〉 D2RQ 매핑언어(ClassMaps와 PropertyBridges)의
　　　　　　매핑구조 ··· **140**

〈그림 24〉 Protégé 에서 조회한 온톨로지의 규모 ······················ **141**

〈그림 25〉 Pellet 추론기를 통한 구조 검증 ······························· **142**

〈그림 26〉 법률 관련 클래스와 인스턴스들의 연결 구조 ············· **144**

〈그림 27〉 관계 술어 appliesTo의 온톨로지 변환 ······················ **144**

〈그림 28〉 선박직원법의 온톨로지 변환 사례 ··························· **145**

〈그림 29〉 시나리오 2의 온톨로지 구조와
　　　　　　SPARQL 쿼리 결과 ··· **152**

〈그림 30〉 시나리오 3의 온톨로지 구조와
　　　　　　SPARQL 쿼리 결과 ··· **153**

〈그림 31〉 시나리오 4의 온톨로지 구조와
　　　　　　SPARQL 쿼리 결과 ··· **154**

〈그림 32〉 시나리오 5의 온톨로지 구조와
　　　　　　SPARQL 쿼리 결과 ··· **155**

〈그림 33〉 시나리오 6의 온톨로지 구조와
　　　　　　SPARQL 쿼리 결과 ··· **157**

제1장

서론

1.1 연구의 필요성

시소러스는 특정 주제 영역에서 사용되는 용어와 이들 용어 간의 의미관계를 체계적으로 제시한 색인 어휘집으로서 색인 및 검색 과정에서 디스크립터와 검색어를 선정하기 위한 도구로 사용된다. 시소러스는 용어 간의 의미관계를 제시하고 있다는 점에서 검색 효율성을 개선하는 기능을 가지고 있으며, 이에 따라 정보검색 보조도구로서의 시소러스 개발을 위한 많은 연구와 이를 실현하기 위한 노력이 있었다(고영만 2006). 검색 보조도구로서 시소러스가 갖는 중요성 및 유용성이 큼에도 불구하고 시소러스의 의미 체계가 지니는 관계 구조의 단순성과 표현의 한계성에 대한 문제가 빈번하게 제기되었으며, 이를 개선하기 위한 노력도 지속되어 왔다(고영만 외 2016). 특히 웹 분야에서 의미 검색과 웹 자원의 공유를 목표로 하는 시맨틱 웹에 관한 연구가 활발해짐에 따라, 시소러스를 온톨로지로 발전시켜 의미 검색을 가능하게 하는 방안 역시 중요한 연구 과제가 되어 왔다.

온톨로지가 시소러스와 기본적으로 다른 점은 시소러스에 비해 개념 관계를 보다 세분하여 차별화할 수 있는 구조를 갖추고 있다는 점이다. 온톨로지는 주제 영역 내에서 일관성 있고 명확하게 개념과 용어 간의 관계를 구조화함으로써 시소러스에 비해 해당 주제 영역의 특성을 보다 더 분명하게 반영할 수 있도록 해준다. 그리고 온톨로지는 개념 용어(class) 간의 관계와 정보 용어(instance) 간의 관계를 분리하여 해당 주제 영역을 파악할 수 있는 구조를 갖추고 있다. 온톨로지가 시소러스와 구별되는 또 다른 특성은 일반화, 즉 공리와 상호운용이 가능한 규칙을 적용함으로써 구조화된 개념으로부터 새로운 관계와 지식을 추론할 수 있다는 점이다. 추론을 통해 새롭게 덧붙여지는 지식은 지능적인 정보 처리에 적용될 경우 의미 검색이나 지식지도 구축 등의 역할을 할 수 있다.

시소러스의 개선을 위한 연구는 크게 두 갈래로 나누어 진행되어 왔다. 하나는 시소러스가 가지고 있는 용어 간 의미관계 구조화의 제한성을 극복하기 위해 관계 유형을 확장하고 보조 온톨로지와 결합시킴으로써 추론을 가능하게 하는 방안이다. 전산언어학적 접근법인 이러한 방안은 어휘사전에 의미망을 결합시킨 WordNet(https://wordnet.princeton.edu/)과 자연어로 표출되는 상식 기반의 의미망인 ConceptNet(http://conceptnet.io/) 등의 구축으로 발전되었다.

다른 하나는 용어학적 접근 방법으로, 개념의 구조화를 통하여 용어 정의 시소러스를 구축하고 용어와 개념 간 관계를 확장하여 온톨로지로 발전시키는 방안이다. 개념의 구조화를 통한 용어 시소러스 구축 방안은 해당 도메인 분야의 시소러스가 구축되어 있지 않을 경우 개념 간의 텍사노미를 구축하고 개념 간 관계 유형을 찾아내는 작업에 고도의 지적 노력과 많은 비용이 소요된다는 점을 배경으로 한다. 온톨로지가 표준화된 웹 자원의 조직 수단으로의 기능을 제대로 수행하기 위해서는 해당 도메인의 용어들이 가지는 개념 간의 관계를 분석해서 다양한 연관관계 유형을 밝혀내는 작업이 선행되어야 하며, 이때 해당 도메인의 시소러스가 구축되어 있다면 시소러스가 포함하고 있는 용어들의 관계 분석을 통해 이를 온톨로지로 발전시키는 것이 비교적 용이하고, 온톨로지를 새롭게 개발하는 것에 비해 훨씬 실용적일 것이기 때문이다.

이러한 맥락에서 2000년대 초 새로운 형식의 구조화된 용어사전이 필요하다는 지적이 제기되었으며(김태수 2001; 조현양, 남영준 2004; 유영준 2005), 전문용어를 단순하게 정의하는 용어사전이나 시소러스와 같은 기존 지식조직체계가 지닌 의미 검색의 한계를 온톨로지의 관계 구조를 적용함으로써 개선할 수 있다는 연구가 발표되었다(고영만 2006). 고영만의 이 연구는 이후 동일한 속성을 가진 학술용어를 개념범주에 따라 분류한 텍사노미를 구축하고, 텍사노미의 개념범주가 가지는 공통적인 내포적, 외연적 속성을 설정한 스키마를 설계한 다음, 각 개념범주의 스키마에 따라 학술용어의 의미를 구조적으로 정의한 구조적 학술용어사전(Structural Terminology Net, 이하 STNet)의 개발로 이어졌다(고영만 외 2016).

STNet은 약 5만 5천여 개의 인문사회 분야 학술용어를 최상위 7개, 중위 27개, 하위 143개로 구성된 텍사노미의 개념(클래스) 속성에 따라 구조적으로 정의하여 속성값과 관계를 연결한 구조적 용어사전이다. 개념별로 구조화된 개념 속성들과 97개의 관계 술어(예: UF, isComponentOf, affects, ···)를 통해 약 20여만 용어 간의 관계가 연결되어 있으며, 추론 규칙을 생성시킬 경우 의미적 연관 검색이 가능한 온톨로지 지식베이스로 발전될 수 있다. STNet과 같이 용어에 대한 구조적 정의를 기반으로 하는 지식조직체계 구축방식(Structural

Definition-Based Terminology, 이하 SDBT)은 계층관계와 연관관계(BT, NT, RT) 등 관계 속성을 사용한다는 점에서 전통적으로 문헌정보학에서 개발해온 시소러스와 일부 유사한 점이 있다. 그렇지만 구조적 용어 정의 방식은 "hasLoation"이나 "spatiallyIncludes"와 같이 맞춤형(custom) 관계 속성을 부가적으로 사용함으로써 W3C 표준인 SKOS(Simple Knowledge Organization System) 모델보다 더욱 구체적으로 의미관계를 표현해 준다. 유엔 식량농업기구(Food and Agriculture Organization of the United Nations)의 AGROVOC 시소러스의 경우에도 단순화된 SKOS 모델에 농업 분야 관계 속성을 적용하여 '온톨로지'를 구축했는데, 구조적 용어 정의 방식도 이와 같은 방식을 적용하고 있다.

그리고 RDF와 OWL에서 클래스는 상위범주 클래스(the class 'extension')에 속하는 사물의 집합(a set of things)으로 정의된다. 정의역(domains)과 치역(ranges)을 통해야만 클래스와 관계가 설정되는 속성의 경우, 각각의 정의역과 치역은 특정 사물의 조합이 어떤 것에 속하는 것인지를 추론하기 위해 사용될 뿐이다. 이에 비해 구조적 용어 정의 방식에서 클래스들은 특정 클래스와 관련된 고유 속성에 의하여 구체적으로 정의된다. 클래스에 고유 속성을 적용하는 이러한 방식은 OWL의 '논리적인' 접근 방식보다 사람들이 특정 사물에 대하여 실제로 생각하는 방식에 훨씬 가깝고 직관적이며, 시스템 개발자들이 이해하기 쉽고 보다 용이하게 사용될 수 있다. 이러한 측면에서 구조적 용어 정의 방식은 Schema.org와 유사하다고 볼 수 있는데, 구조적 용어 정의 방식과 Schema.org에서는 특정 클래스를 정의해 주는 일련의 속성들과 그 클래스가 연결되는 관계를 명시적으로 보여주기 때문이다. 또한 Schema.org에서는 이러한 속성을 메타데이터 스키마로 구분하는데, 구조적 용어 정의 방식에서도 클래스 내에서 개념에 대하여 메타데이터로 맺어지는 관계를 속성이라고 한다.

구조적 용어 정의 방식은 2017년 이래 주목되어온 ShEX와 Wikidata라는 매우 중요한 두 가지 경향이 결합된 것으로 볼 수 있다. ShEX(Shape Expressions Language)는 속성을 통하여 사물(thing)을 구조적으로 정의해 주며, 구조적 용어 정의 방식과 같이 인스턴스 데이터를 유효하게 확인해 주는 스키마를 사용한다. 또한 ShEX 스키마를 검증하기 위하여 RDF 모델을 기반으로 Wikidata가 구축되고 있다.

구조적 용어 정의 방식은 출발 지점이 다르고 적용 기술도 다르게 시작하였으나, 데이터 구조화의 접근 방식은 Schema.org나 ShEX, Wikidata에서 보듯이 최근의 주요 기술 동향에 잘 들어맞는다고 할 수 있다. 또한 이러한 경향은 시맨틱 웹을 설계하는 데 있어 정보기술 개발자들이 데이터를 모델링하는 방식에 훨씬 가깝다는 공통점을 갖는다.

국내의 경우 구축되어 실제 활용되고 있는 시소러스는 소수에 불과하며, 온톨로지가 구축되어 실제 활용되는 시스템은 찾아보기 힘들다. 시소러스가 구축된 경우에도 특정 주제 영역의 용어들과 용어 간의 의미관계를 표현함으로써 용어 기반 검색을 위한 색인어 및 검색어 선정의 도구로 사용되어 왔다. 그러나 오늘날의 정보기술 환경에서는 시소러스 유지관리에 지속적으로 소요되는 노력과 비용에 비해, 통제용어 기반의 시소러스의 효용성이 구축 초기에 비해 높지 않다. 더욱이 자연언어를 기반으로 다양한 정보검색 기법이 확장되고, 의미 검색 구현을 위한 온톨로지 관련 연구가 축적되면서, 연구 성과를 바탕으로 시소러스 의미관계 표현의 한계를 극복하고 의미 검색이 가능한 온톨로지 지식베이스로 재설계해야 할 요구가 더욱 커지고 있다. 기존의 자원 활용 및 재사용 가능성 검토의 차원에서도, 기구축되어 있는 시소러스를 적절히 활용하여 재사용성을 높이고 다른 온톨로지와의 상호작용을 극대화할 수 있는 방법론을 우선적으로 연구해야 할 필요성이 강조된다. 따라서 본 연구에서는 국내에서 구축되어 활용되고 있는 시소러스를 토대로 최근의 데이터 모델링을 위한 정보기술 동향에 맞추어 구조적 용어 정의 방식을 적용, 온톨로지로 발전시키고자 한다. 이와 함께, 구축된 온톨로지 구조에 추론 규칙을 적용하여 의미 검색의 가능성을 검증함으로써 현재 사용되는 시소러스를 온톨로지로 구축하는 연구를 수행하고자 한다. 주요 국가기관에서 사용하고 있는 시소러스 시스템을 유지관리 차원에서 나아가 한 단계 발전시킬 것을 모색해야 할 이때, 본 연구는 실용적 측면에서도 중요하고 가치 있는 작업이라 할 수 있을 것이다.

1.2 연구의 목적 및 연구 문제

실제 활용되고 있는 시소러스를 구조적 용어 정의 방식으로 재설계하여 온톨로지를 구축하기 위해서는 기존의 시소러스 디스크립터를 분석하여 텍사노미를 설계하고 다양한 관계 술어를 구성하는 작업이 요구된다. 국내에서 운용되고 있는 대표적인 시소러스로는 한

국역사정보통합시스템 시소러스, 법원도서관 법률시소러스, 국회도
서관의 용어관계사전DB가 있으며, 각각 약 6만, 약 3만, 약 9만 건
의 디스크립터를 가지는 방대한 시스템으로 운영되고 있다. 그 중
패싯과 같은 텍사노미 체계가 적용된 시스템은 국회도서관의 용어
관계사전DB가 유일하다. 그렇지만 이 경우에도 매우 낮은 수준의
개념 체계여서 온톨로지 구축을 위해서는 텍사노미를 재설계하는
것이 필요하다. 이러한 점에서 텍사노미의 재설계와 관계 술어 구
성이라는 두 측면의 문제점을 동시에 극복하는 방법론을 연구하기
위해서는 국회도서관의 용어관계사전DB가 다른 시소러스에 비해
더 나은 조건을 갖춘 것이라 할 수 있다. 하지만 방법론 검증을 위
해 9만여 디스크립터 전체를 대상으로 연구를 하는 것은 비용과 시
간이 많이 소요되므로, 특정 분야의 용어를 선정하여 실험적으로
검증해볼 수 있을 것이며, 그중에서도 입법 지원을 주 기능으로 삼
는 국회도서관의 특성에 비추어볼 때 법률용어가 실험 대상으로서
의 효용성이 높다고 할 수 있다.

따라서 본 연구는 국회도서관 용어관계사전DB의 시소러스 중
법률 분야 디스크립터를 대상으로 구조적으로 정의된 용어 데이터
베이스를 구축하여 온톨로지로 발전시킨 후, 추론 규칙을 생성하여
의미 검색 가능성을 평가하는 것을 목적으로 한다.

연구의 목적을 이루기 위한 세부적 연구 목표는 다음과 같다. 첫
째, 국회도서관 용어관계사전DB로부터 법률 분야 용어를 추출하여
해당 용어의 패싯들을 텍사노미로 재구축한다. 기존 분류 이론과
선행 연구에서 제시된 지식 분류체계를 이용하여 국회도서관 용어
관계사전DB의 법률 분야 디스크립터들에 대한 개념 체계를 새롭게

정립하여 범주화하는 것이다. 둘째, 텍사노미 개념의 속성을 도출하여 속성에 따라 명세화한 값을 줄 수 있도록 구조화하고, 이를 DB 구조에 반영하여 새롭게 용어관계사전을 구조적으로 구축할 수 있도록 시스템을 설계한다. 기구축된 국회도서관 용어관계사전DB에서 추출한 법률 디스크립터 약 12,000건을 새롭게 구축한 텍사노미의 개념별로 분류하고 해당 개념의 속성에 따라 입력함으로써 구조적으로 정의된 용어관계 데이터베이스를 구축하는 것이다. 셋째, 개념과 용어의 관계 유형을 상세화하고 적합한 관계 술어로 구조화된 법률용어의 관계형 데이터베이스를 매핑하여 트리플을 생성한 후 추론 규칙을 도출하여 의미 검색 가능성을 검증한다.

1.3 용어의 정의

본 연구에서 사용되는 주요 용어에 대한 정의는 다음과 같다.

가. 법률, 법령, 법

법률과 법령은 개념적으로 다르게 정의되며 효력 범위도 분명하게 구분되는 용어이다. 국립국어원의 표준국어대사전에 따르면, 법률(法律)은 국회의 의결을 거쳐 대통령이 서명하고 공포함으로써 성립하는 국법(國法)이며, 법령(法令)은 법률과 명령을 아울러 이르는 말이라고 정의된다. 일반적으로 법이라고 하면 국회에서 만드는 '법률'을 가리키지만, 국민의 일상생활에 법률 못지않게 중요한 영향을 미치는 규범에는 대한민국 최상위 법규범인 헌법, 국가 간에

체결된 조약, 행정부에서 법률을 집행하기 위해서 만드는 대통령령, 총리령, 부령, 지방자치단체가 제정하는 조례, 규칙 등이 있다. 이 모든 규범을 망라하는 용어가 '법령'이다. 그러므로 법령은 법률을 포괄하는 더욱 넓은 개념이 된다. 효력 범위에 있어서도 법률은 최상위 법규범인 헌법의 다음 단계에 놓이며, 법률이 헌법에 위배되면 헌법재판소에서 위헌 여부를 심판하게 되고, 명령·규칙이 법률에 위반되면 대법원 판결로 적용이 거부되는 등 법령의 위계에 따라 효력도 분명하게 구분된다(<그림 1> 참조).

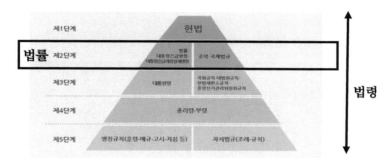

〈그림 1〉 법률과 법령. 법령의 위계

본 연구에 사용되는 법률정보, 법령정보라는 용어도 법률과 법령에 대한 개념적 구분을 내포하는 복합명사이다. 입법기관인 국회와 국회도서관에서 주관하여 관리하는 정보나 시스템의 경우, 법률정보 또는 법률용어, 법률정보시스템이라고 쓴다. 논문에서 국회도서관 시소러스에서 추출한 디스크립터의 경우에도 법률 디스크립터 또는 법률용어로 표현하였다. 행정부와 사법부 및 법원도서관에서 주관하여 관리하는 정보나 시스템을 지칭할 때는 법령의 위계에 따라 모든 법규범을 포괄하는 용어인 법령정보 또는 법령정보시스템이라고 부른다. 온톨로지 구축을 위하여 법제처 '국가법령정보센터'에서 추출한 현행 법령에는 헌법과 법률, 시행령 등이 포함되며 법령의 위계에 따라 계층구조를 형성하게 된다.

한편, 본 연구에서 '법'이라는 표현도 간혹 사용되는데, 이에 대한 사전적 정의는 "국가의 강제력을 수반하는 사회 규범. 국가 및 공공 기관이 제정한 법률, 명령, 규칙, 조례 따위"(국립국어원 표준국어대사전)이다. 학문 분야 또는 온톨로지 구축을 위하여 도메인을 구분할 때는 법률 및 법령을 통칭하여 '법'이라고 표현하였다.

나. 텍사노미(Taxonomy)와 개념범주

'텍사노미(Taxonomy)'는 18세기 스위스 생물학자 de Candolle(1813)이 자신이 개발한 식물분류체계의 명칭을 그리스어의 taxis(배열)와 nomos(법칙)를 조합하여 'Taxonomy'로 명명한 것에서 유래된 용어이다. 이를 차용하여 전산학이나 정보학에서는 텍사노미를 도메인 기반의 통제 언어로 정렬된 분류체계라는 의미로 사용하며, 특히 온톨로지와 관련해서는 특정 도메인의 용어와 그 개념에 대한 계층적 분류체계를 지칭하는 것으로 사용되고 있다(고영만 2019). 텍사노미는 개념을 범주화하는 지식조직체계의 한 방법으로, 구조적 학술용어사전(STNet)에서는 같은 의미를 지닌 한글 번역어로 '개념범주'라는 용어로 표현되었다.

본 연구에서도 텍사노미와 개념범주는 같은 의미로 쓰일 때도 있지만, 일반적으로 주제 기반의 계층적 분류체계를 말할 때는 '텍사노미'라는 용어를 쓰고, 구체적으로 STNet을 통하여 개발된 텍사노미를 지칭할 경우에는 시스템에서 기술된 바와 같이 '개념범주'라는 용어를 사용하였다. 특히 개념범주라는 용어를 사용할 때는 '개념들을 집단화한 상태'를 강조한다. 덧붙여 컴퓨터를 이용하여 지식을 표현하는 온톨로지에서 텍사노미라는 말은 개념을 집단화하는 '클래스(class)'라는 용어로 표현된다. 클래스는 같은 성질을 갖는 자원을 그룹화하고 공통 성질을 논리적으로 표현하기 위한 기능을 제공하는데, 클래스에 의한 개념의 체계적 기술이 온톨로지의 핵심적 내용이 된다.

다. 시맨틱 어휘(Vocabularies)와 술어(Terms)

본 연구에서 사용하는 시맨틱 어휘(Vocabularies)와 술어(Terms)라는 용어는 LOV(Linked Open Vocabularies)에서 나온 용어이다. LOV는 웹상에서 데이터를 표현하는 데 적합하고 재활용이 가능한 고품질 어휘들의 목록 혹은 이러한 어휘들이 등록된 플랫폼을 말한다. 이때 사용되는 'Vocabulary'는 언어학적 정의에 충실한 의미로 사용되기보다는 시맨틱 웹을 위한 어휘의 사용이라는 관점에서 접근하게 된다. 따라서 LOV에서는 'semantic vocabulary', 'vocabulary' 또는 'ontology'라는 표현을 서로 구분하지 않고(interchangeable) 사용한다(Vandenbussche, P. Y. et al. 2014).

본 연구에서는 Vocabulary를 언어학적 의미의 '어휘'와 구분하기 위하여 '시맨틱 어휘'로 번역하여 사용하였다. LOV 적용을 위한 메타데이터 권고문(Vandenbussche, P. Y. and Vatant, B. 2012)에 따르면, 시맨틱 어휘는 온톨로지와 기본적으로 같은 뜻으로 사용되지만, 웹상에서 시맨틱 어휘의 재사용성과 연결을 통하여 상호운용성을 추구하는 특성으로 인하여 온톨로지와는 차별화된다. 웹을 통하여 데이터의 의미는 클래스(classes)와 속성(properties) 표현 및 데이터 타입(datatypes)이라는 요소로 기술되는데, 특히 클래스와 속성을 표현해 주는 'Terms'이 LOV에 등록되어 시맨틱 어휘(Vocabulary)를 구성하게 된다.

본 연구에서는 이때 사용되는 'terms'를 언어학적 의미의 '용어'와 구분하기 위하여 '술어(述語)'로 표현하였다. 온톨로지 구축을 위하여 클래스가 가지는 용어의 개념을 세분하여 해당 주제 영역을 차별화 해주기 위해서 개념에 대한 속성(property)을 기술하게 되는데, 개념 속성은 클래스가 가지는 속성으로, 해당 용어의 개념에 대한 메타데이터적인 성격을 가지며 동일 클래스에서는 동일한 개념 속성 항목을 갖게 된다. 개념 속성과 구분하여 시소러스 구조에서 설정되는 등가관계, 계층관계, 연관관계 등과 같이 두 용어 사이에 존재하는 의미적 관계가 관계 지시기호를 통하여 표현되는 속성을 관계 속성(또는 관계 술어)이라고 한다(고영만 2013). 개념 속성과 관계 속성을 기술하기 위해, 즉 속성 표현을 위하여 LOV에서 매핑하여 적용된 용어(terms)를 통칭하여 본 연구에서는 '술어'라고 번역하였다. 또한 STNet에서 사용된 바와 마찬가지로 법령 클래스에 대한 속성을 기술할 때는 개념 속성이라는 용어를 사용하였고, 복수의 클래스에 속한 법률용어 간의 의미관계를 기술할 때는 관계 속성 또는 관계 술어라고 표현하였다. 그리고 법률용어의 구조적 정의에 의한 온톨로지 구축을 위하여 개발한 개념 속성 및 관계 속성을 LOV에 매핑하여 적용할 때는 속성 표현을 통칭하여 '술어'라는 용어를 사용하였다.

한편 법률과 법령, 텍사노미와 개념범주, 시맨틱 어휘와 술어라

는 용어들에 대한 정의는 개념적으로 구분되거나 외국어 표기의 한
글 번역과 관련하여 혼란을 피하기 위하여 정리한 것이며, 시스템
명칭으로 표기되거나 고유명사로 쓸 경우에는 개념의 혼란이 없는
한 실제 사용된 용어 표현을 그대로 사용하였다.

제2장

이론적 배경 및
선행 연구

본 장에서는 지식의 구조화 도구인 시소러스와 온톨로지에 대하여 이론적 배경을 고찰하고, 시소러스가 갖는 의미관계의 제한성을 극복하고자 제안되고 있는 온톨로지 개발의 방향을 살펴보고자 한다. 특히 전산언어학을 적용하여 개발된 WordNet, ConceptNet과 구조적 엔터티 정의시스템인 STNet, Schema.org을 비교하여 검토하고, 아울러 STNet 구축 과정에서 생산된 일련의 연구 성과들에 대해서도 살펴보고자 한다.

2.1 이론적 배경

2.1.1 시소러스와 온톨로지

2.1.1.1 시소러스와 시소러스의 한계 극복

시소러스는 "자연언어에 기초를 둔 도큐멘테이션 언어의 일종으로 용어의 컨트롤과 용어 간의 관계서술을 통해 의미관계를 표현해줌으로써 자연언어에서의 기의(signifié)와 기표(signifiant)에 대한 명확한 배열을 지향하는 지식조직체계"라 할 수 있다(DGD-KTS 1975). 시소러스와 같이 자연언어에 기초한 지식조직체계는 자연언어에서 추출된 하나 또는 여러 개의 표현으로 소통하게 된다. 따라서 시스템과의 커뮤니케이션이 명확해지기 위해서는 기표와 기의, 즉 용어(terminology)와 의미(meaning)를 통제하는 것이 중요하며, 기표 간의 관계에 대한 서술을 통해 기의 간의 관계를 표현하는 것을 지향한다(Wersig 1978).

이러한 시소러스는 상위어, 하위어, 관련어를 지칭하는 관계 술어 BT, NT, RT를 사용하여 기표, 즉 용어의 계층관계와 연관관계를 표현하며, 관계를 보조하는 지시기호로서 우선어와 동의어 선택을 위해 관계 술어 USE, UF(Used For)를 사용하고, 디스크립터의 의미 설명과 동형이의어 구분을 위해 SN(Scope Note)을 사용한다. 이때 계층관계는 속-종 관계, 부분-전체 관계, 사례 관계만을 BT와 NT로 수용하지만, 연관관계는 관계의 규정과 범위가 단순하고 포괄적이다.

시소러스의 구조적인 특성에 대해 고영만(2006)은 첫째, 개념에 관한 용어와 사례에 관한 용어를 구분하지 않고 혼합해서 표현함으로써 용어 간 의미구조가 불명확하며, 둘째, 용어가 지닌 의미 속성을 직접 제시하는 대신 지시기호나 범위주기를 통한 간접적 방식을 택하고 있기 때문에 개념에 대한 본질적 속성 파악이 어렵고, 셋째, 계층관계와 연관관계로 구분하여 개념 간의 관계를 구조화하는 시소러스의 단순 구조에서는 의미론적 정보검색 및 추론 기능을 지원하기 어렵다는 문제점을 지적하였다. 따라서 시소러스를 자동화 처리에 적용하기 위해서는 보다 명확하게 표현하고, 다양하게 구조화할 수 있는 모형이나 방법론이 요구된다고 강조하였다.

시소러스의 의미 체계가 지닌 이러한 한계를 극복하기 위한 연구는 크게 두 갈래로 나누어 진행되었다. 하나는 관계 유형을 확장하고 보조 온톨로지와 결합함으로써 추론을 가능하게 하는 방안이 며, 다른 하나는 개념의 구조화를 통한 용어 정의 시소러스를 구축 하고 용어와 개념 간 관계를 확장하여 온톨로지로 발전시키는 방 안이다. 첫 번째 방안은 WordNet(https://wordnet.princeton.edu/) 과 ConceptNet(http://conceptnet.io/) 등의 구축으로 발전하였으 며, 두 번째 방안은 시소러스의 용어 정의 표준 모형에 관한 연 구와 STNet(http://stnet.re.kr)의 구축으로 발전하였다(김태수 2001; 조현양, 남영준 2004; 유영준 2005; 고영만 2006).

〈표 1〉 Sager and L'Homme과 김태수의 정의 모형 요소

Sager and L'Homme의 정의 모형		김태수의 정의 모형	
주제 분야		주제 분야	
피정의항 개념범주	· 물질(material) · 추상(abstract) · 활동(activity) · 상태(state) · 성질(property)		
정의항	· 일반적으로 피정의항과 동일한 개념범주에 해당 · 피정의항과 가장 밀접한 개념 · 특수한 정의 개념의 경우 정의항 자체에 대한 간략한 정의 및 정의 확장 가능 · 정의하는 개념을 두 가지 이상으로 지시하는 것 회피 · 하나의 개념으로 정의가 불가능한 경우 복수의 정의항 사용	정의항	· 상위·하위 개념 · 한정된 상위 개념 · 관련 단어나 구를 사용한 동일 수준의 추상적 개념
정의항의 개념범주			
피정의항과 정의항의 관계	· 피정의항이 정의항에 제시된 상위개념의 유형, 범주, 사례 · 피정의항이 하위개념 · 피정의항이 상위개념 · 피정의항이 정의항과 추상화 수준이 동일	피정의항과 정의항 내 용어와의 관계	· 피정의항이 하위개념 · 피정의항이 상위개념 · 피정의항과 정의항의 용어가 동일 수준 개념

Sager and L'Homme의 정의 모형		김태수의 정의 모형
피정의항의 본질적 구별 특성(종차)	• 본질적 특성(포함/구성, 소유/속성, 선행수식어/~의/~인/~된) • 원인이나 기원 특성 • 변형이나 수정, 증가 등의 상태 변화 특성 • 용도 특성 • 기능 또는 행위 특성 • 위치 특성 • 시간이나 연대 특성 • 유사성 특성	**구분 특성(종차)에 의한 패싯 적용** • 본질적 특성 • 기원 특성 • 상태/변화 특성 • 목적/용도 특성 • 기능/행위 특성 • 위치 특성 • 시간 특성 • 유사 특성
기타 특성	• 피정의항의 적용 범위나 정의항의 범위를 제한하거나 사례 제시	

구조화된 용어 정의 사전은 개별 디스크립터를 구조적이고 상세하게 정의한다는 점에서 넓은 의미의 데이터 레지스트리 (Data Registry) 구축에 해당한다고 할 수 있다. 디스크립터의 정의를 구조화하기 위한 구상은 Moors(1963), Soergel(1974) 등에 의해 제안되었으며, 용어학 분야에서 전문용어와 시소러스를 연결한 용어 시소러스를 개발하는 시도가 대표적이다. Strehlow(1983)가 특정 주제 영역에 대한 정의 모형 적용 연구를 발표한 이후, 시소러스 용어 정의를 위한 정의 모형들이 Sager and L'Homme(1994), Hudon(1996) 등에 의해 제안되었다. 이후 정의 모형을 적용하여 사회과학 분야의 시소러스에 적용한 연구 성과가 1996년 Sager and L'Homme에 의해 발표되었으며, 1999년에는 'WordWeb(http://www.wordweb.co.uk)' 시소러스 등이 개발되었다.

국내에서는 김태수(2001)에 의해 시소러스에 용어 정의를 이용하는 연구가 수행된 바 있다. 김태수(2001)는 Sager and L'Homme의 정의 모형과 이 모형을 확장한 Hudon의 모형을 적용하여 정의 모형과 적용 지침을 제시하였다. 그리고 제시한 정의 모형을 기반으로 시소러스 구축에 필요하다고 판단되는 요소를 추출하여 디스크립터 간의 관계 구조에 반영한 시소러스를 실험적으로 구축하였으며, 이 연구를 통해 의미 범위와 관계 구조가 표준화될 수 있음을 검증하였다.

Sager and L'Homme(1994)이 제안한 용어 정의 모형은 전통적인 분석적 정의를 표준화된 형식으로 표현하기 위해 정의 기술 방식을 범주화한 것으로, 주제 분야, 피정의항의 개념범주, 정의항, 정의항의 개념범주, 피정의항과 정의항의 관계, 피정의항의 본질적 구별 특성(종차), 기타 특성이라는 일곱 가지의 요소로 범주화하였다. 김태수(2001)가 시소러스 구축을 위해 추출한 정의 모형 요소는 주제 분야, 정의항, 피정의항과 정의항 내 용어와의 관계, 구분 특성(종차)에 의한 패싯 적용의 네 가지로 구분된다(<표 1> 참조).

Sager and L'Homme이 제안한 용어 정의 모형에 따라 마그네슘을 정의한 사례는 <그림 2>와 같다.

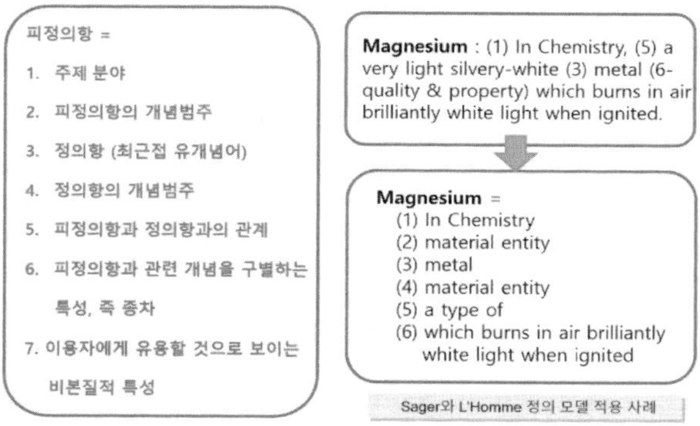

<그림 2> Sager와 L'Homme의 용어 정의 모델 및 적용사례

2.1.1.2 시소러스와 온톨로지의 차이

전통적으로 온톨로지란 존재와 존재자(存在者: 존재하는 것)의 본성을 연구하는 형이상학의 한 부분으로서 세상의 구성 요소에 대한 명확한 이해를 얻고자 하는 철학의 연구 분야이다. 오늘날 정보자원 관리와 관련해서 차용하고 있는 온톨로지(ontology)라는 용어는 "사람의 마음속에 존재하는 내재적 생각이나 외재적 세계의 현상과 대상에 대하여 공유하는 개념을 컴퓨터가 이해할 수 있는 형식으로 명확하고 명시적으로 정의하고 규정하는 것"으로 그 의미가 전이되어 사용되고 있다 (Gruber 1993).

시소러스와 온톨로지는 개념 간의 의미관계를 기반으로 지식의 구조를 정형적으로 표현하고 구조화한 것으로서, 궁극적으로 검색 효율을 높이기 위한 목적에서 그 방법론과 구조에 대한 개발이 이루어졌다. 시소러스 관점에서 온톨로지를 바라볼 경우, 보다 풍부한 지식(Knowledge-rich)을 갖추도록 용어의 의미관계와 연결 정보를 더욱 상세하고 유동적으로 기술함으로써 의미추론을 가능하게 하고, 시스템 간의 상호운용성을 향상시켜 주는 시소러스 관계 구조의 확장 개념으로 이해될 수 있다(<표 2> 참조).

〈표 2〉 통제어 개념 체계 도구

통제용어	+	그룹화	→	분류	용어검색
통제용어	+	계층구조	→	텍사노미	
통제용어	+	용어관계	→	시소러스	
통제용어	+	의미관계, 제한, 공리, 규칙	→	온톨로지	의미검색
통제용어	+	사례(instances)	→	지식베이스	

온톨로지가 시소러스와 다른 점은 시소러스에 비해 개념 관계를 보다 세분하여 차별화할 수 있는 구조를 갖추고 있다는 점이다. 온톨로지 개념 모형에서는 개념 수준, 개체 수준(instance), 문자열 수준을 명백하게 분리함으로써, 특정 개념에 관련되는 개체들이 단순하게 계층관계나 연관관계를 형성하게 되는 시소러스에 비해 개념 간의 관계를 보다 분명하고 정확하게 반영하게 된다. 또한 주제 영역 내에서 개념에 대한 속성과 다른 개념 및 용어들과 맺어지는 관계에 대한 속성 표현을 통하여 일관성 있게 각각의 개념을 정의하게 되므로, 인간의 이해 구조를 반영할 수 있는 온톨로지의 의미구조를 형성하게 된다.

　온톨로지가 시소러스와 구별되는 또 다른 특성은 일반화 혹은 상호운용성의 규칙을 적용함으로써 구조화된 지식으로부터 새로운 지식을 추론할 수 있다는 점이다. 추론을 통해 새롭게 덧붙여지는 지식은 지능적인 정보 처리에 적용될 경우 정보관리에 혁신을 가져올 것이다. <표 3>은 ERIC 시소러스의 관계 구조에서 개별적인 연관관계로만 구조화되는 'literary education'과 'reading attitudes'가 온톨로지의 관계 구조에서는 추론을 통해 연결이 가능하도록 규칙이 설정되는 것을 보여준다(유영준 2005, 128-129).

<표 3> ERIC 시소러스와 온톨로지의 개념 관계 비교 및
온톨로지 의미관계에 의한 추론 규칙(유영준 2005)

ERIC 시소러스	온톨로지
reading instruction	reading instruction
BT instruction	<isa> instruction
RT reading	<hasDomain> reading
RT literary education	<governedBy> literary education
reading ability	reading ability
BT verbal ability	<isa> verbal ability
RT reading	<hasDomain> reading
RT reading attitudes	<supportedBy> reading attitudes

규칙 1
Instruction in a domain should consider ability in that domain: X shouldConsider Y IF X <isa(type of)> instruction AND X <hasDomain> W AND Y <isa> ability AND Y <hasDomain> W yields: The designer of reading instruction should also consider literary education.

규칙 2
X shouldConsider Z IF X <shouldConsider> Y AND Y <supportedBy> Z yields: The designer of reading instruction should also consider reading attitudes.

또 다른 예로서 <표 4>는 AGROVOC 시소러스의 관계 구조에
서는 상호관계를 맺지 못하는 'milk fat'와 'cheddar cheese'가 온톨
로지의 관계 구조에서는 상호 추론이 가능한 관계가 될 수 있음을
보여준다(유영준 2005, 128-129).

<표 4> AGROVOC 시소러스와 온톨로지의 개념 관계 비교 및
온톨로지에 의한 추론 규칙(유영준 2005)

AGROVOC	온톨로지
milk 　　NT cow milk 　　NT milk fat	milk 　　\<includesSpecific\> cow milk 　　\<containsSubstance\> milk fat
cow 　　NT cow milk	cow 　　\<hasComponent\> cow milk
Cheddar cheese 　　BT cow milk	Cheddar cheese 　　\<madeFrom\> cow milk

규칙 1
Part X \<mayContainSubstance\> Substance Y IF Animal W \<hasComponent\> Part X AND Animal W \<ingests\> Substance Y yields: Cow has component cow milk which contains substance milk fat.

규칙 2
Food Z \<containsSubstance\> Substance Y IF Food Z \<madeFrom\> Part X AND Part X \<containsSubstance\> Substance Y yields: Cheddar cheese made from cow milk which contains substance milk fat.

2.1.1.3 온톨로지의 관계 술어 적용에 의한 시소러스 개선

온톨로지의 관계 술어 적용을 통해 시소러스를 개선하는 연구에
는 기존 시소러스의 패싯에 온톨로지의 개념 표현 템플릿을 연결하
는 방식과 시소러스의 개념 간 관계를 상세하게 확장하거나 온톨로
지 개념 구조와의 상호호환 가능성을 모색하는 방식이 있다.

가. 시소러스 패싯과 온톨로지 템플릿 연결

첫 번째 접근 방법은 기존 시소러스의 패싯을 온톨로지의 개념 표현 템플릿과 연결하여 시소러스에 포함된 지식구조를 보조 온톨로지로 사용함으로써 추론 가능성을 높이는 것이다. 대표적인 연구 사례로 Wielinga(2001)의 연구를 들 수 있다. Wielinga(2001)는 골동 가구 분야의 지식베이스를 구축하기 위하여 VRA(Visual Resource Association)의 핵심 범주(Core Category)와 더블린코어 메타데이터 요소 및 European GRASP 프로젝트 결과에서 추출한 25개 요소로 템플릿을 구축하고, 이를 제작 관련 패싯, 물리적 패싯, 기능적 패싯, 관리 패싯 등 4개의 패싯으로 구조화하였다. 또한 템플릿의 구조화된 패싯을 예술 분야의 대표적 시소러스인 AAT(Art and Architecture Thesaurus)의 패싯과 상호 연결시킴으로써 AAT의 어휘 구조를 활용할 수 있는 기반을 구축하고, 온톨로지 에디터 Protege-2000을 사용하여 AAT의 계층관계를 온톨로지 구조에 활용하게 하였다.

나. 시소러스의 관계 술어 확장

시소러스의 관계 술어 확장을 위해서는 개념과 용어의 분리, 개념 간 관계의 세분화가 선행되어야 한다. 유영준(2005)은 시소러스에서 개념, 용어, 문자열을 구분해야 한다고 강조하면서, 개념과 용어의 분리를 개념에 대한 정보와 용어에 대한 정보를 분리시키는 것이라 하였다. 개념과 용어를 분리시킬 경우 시소러스에서는 이용자가 선호하는 개념에 상응하는 디스크립터의 선택을 탄력적으로 적용할 수 있으며, <hasSynonym>, <hasAntonym>, <hasCognate>, <hasTranslation>과 같은 다양한 관계로 용어를 연결시킬 수 있게 된다. 또한 용어(term)는 문자열(string)로 표현되는데, 문자열의 경우 <hasCaseVariant>, <hasSpellingVariant>, <pluralOf>, <singularOf>, <hasAbbreviationOrAcronym> 등 다양한 이형 표기를 비롯하여 단·복수형, 축약 및 두문자어 등의 관계를 통해서 연결될 수 있다. 따라서 시소러스는 특정 용어를 표현하기 위해 사용된 문자열 중에서 선호하는 이형(variant)을 선택하면 되고, 특히 반의어에서 하나의 문자열은 여러 용어에 동시에 포함될 수 있게 된다. 이때 개념, 용어, 문자열을 독립된 엔터티나 패싯 유형으로 정의할 경우 엔터티/패싯 유형 각각은 상이한 유형의 정보를 가질 수 있으며, 이를 통해 개념 간 관계와 의미 이해에 대한 혼란을 피할 수 있다는 것이다.

개념 간 관계의 세분화는 기존 시소러스의 기본관계인 종속관계, 부분-전체 관계, 추가관계를 토대로 관계 술어를 세분화하는 것으로, 이를 통해 시소러스를 온톨로지 수준으로 발전시키고자 하는 시도이다. 이와 관련하여 조현양과 남영준(2004)은 "시소러스와 온톨로지의 상호호환성에 관한 연구"에서 시소러스의 개념관계 구조와 온톨로지 구축 언어의 하나인 OWL Lite의 개념관계 구조를 비교한 바 있다. 이 분석을 통하여 계층관계의 경우 <subClassOf>와 <subPropertyOf> 등이, 연관관계에서는 <ObjectProperty>, <DatatypeProperty>, <inverseOf> 등이, 대등관계에서는 <equivalentClass>를 비롯하여 <sameAs>와 <equivalentProperty> 등이 상호호환에 적합하다고 하였다.

2.1.2 전산언어학 적용 시스템

전산언어학(Computational Linguistics)은 언어학과 전산학을 통합한 언어학의 하위 분야로서, 언어 모델링을 목적으로 컴퓨터를 이용하여 언어를 자동 분석하고, 언어 자료를 자동 처리하는 과정에서 나타나는 언어학적 문제를 연구하는 학문이다. 자연언어의 전산 처리와 관련된 음성인식, 기계번역, 정보검색, 자동 대화 시스템 구축 등을 연구 과제로 하고 있으며, 지식 처리를 위한 응용 분야로서 WordNet, ConceptNet, Cyc와 같은 어휘의미망 사전 구축 등을 연구해 왔다. WordNet은 1985년 Princeton 대학 인지과학연구소의 심리학자 Miller를 중심으로 언어학자 Fellbaum 등이 참여한 전문가 그룹이 일종의 시소러스망과 사전데이터베이스를 결합하여 구축한 단어의미망(lexical semantic network)이다. ConceptNet은 1999년 MIT 미디어랩의 Minsky, Havasi, Singh에 의해 Crowdsourcing 프로젝트의 일환인 'Open Mind Common Sense(OMCS)' 프로젝트를 통해 구축되었다. Cyc는 1984년 MCC(Microelectronics and Computer Consortium)의 Douglas Lenat 등이 추진해온 세계적으로 가장 오래된 AI 프로젝트이며, 기본 개념에 대한 온톨로지와 백과사전의 지식베이스를 통합하여 추론이 가능한 인공지능으로 발전시키는 연구이다. 1980년대 후반 코퍼스 언어학의 대두에 따라 전산언어학은 새로운 전기를 맞게 되었으며, 이전까지 이론 중심 연구에서 대규모의 전산화된 텍스트(코퍼스)를 활용하여 통계와 확률에 바탕을 둔 언어 처리 연구로 전환하게 되었다. 이와 함께 언어처리에 있어서 어휘사전의 중요성이 대두되어 사전을 바탕으로 하는 어휘DB 개발과 관련된 연구가 확산되기 시작하였다. 국내에서 전산언어학은 1980

년대 후반 기계번역 연구에서 출발하여 컴퓨터 통신의 발달과 함께 90년대에는 정보검색 및 검색포털 서비스에 활발하게 적용되었다. 이후 2000년대 초반까지는 '21세기 세종계획', 산업자원부의 'STEP2000'과 같이 한국어 전산 처리와 정보화를 위하여 정부가 주도하는 대규모 사업으로 진행되었고, 2000년대 이후에는 공학적 접근 방법에서 인문학적인 방향으로 연구의 초점이 전환되고 있다.

2.1.2.1 WordNet

1980년대 컴퓨터가 인간 언어를 이해할 수 있도록 단어의 의미를 명확히 해주는 방안으로 제시된 사전 기반의 WSD(Word Sense Disambiguation) 기법이 한계에 이르게 되면서 컴퓨터가 다의어를 제대로 구분하지 못하게 되자, 어휘사전 데이터베이스에 의미망을 결합시킨 WordNet 프로젝트가 시작되었다. WordNet 데이터베이스는 명사, 동사, 형용사, 부사 등 네 가지 범주에 속하는 단어들을 의미 또는 개념 단위로 조직하며, 각 개념은 'synset'이라 부르는 동의어 집단(synonym set)으로 표현된다. 같은 품사 범주에 속하고 유사 의미를 가진 어휘들은 synset으로 분류되는데, synset은 중의성이 없는 하나의 개념을 포함하고, 한 단어가 다의적이면 여러 synset에 포함되며, 다의어 구분은 숫자로 표현한다. 또한 간략 정의 또는 예문을 주석으로 첨가하여 synset의 의미를 명확하게 한다. WordNet에는 총 117,000여 개의 Synsets 동의어 집단이 있으며, 개별 synset은 다른 synset과도 의미적으로 연결되어 있다. WordNet은 관계(relation)에 의해 조직되는데, 단어 간의 관계를 어휘관계(lexical relation)라 하고, synset 간의 관계를 의미관계

(semantic relation)라 한다. WordNet에 정의된 의미관계 유형을
정리하면 <표 5>와 같다(이재윤, 김태수 1998).

〈표 5〉 WordNet에 정의된 의미관계 유형

Semantic Relation	Syntactic Category	Example
Synonymy (similar)	N, V, Aj, Av	pipe, tube/ rise, ascend sad, unhappy/ rapidly, speedily
Antonymy (opposite)	Aj, Av,(N.V)	wet, dry / powerful, powerless friendly, unfriendly / rapidly, slowly
Hyponymy (subordinate)	N	sugar maple, maple maple, tree tree, plant
Meronymy (part)	N	brim, hat / gin, martini ship, fleet
Troponomy (manner)	V	march, walk whisper, speak
Entailment	V	drive, ride divorce, marry

N=Nouns   Aj=Adjective   V=Verbs   Av=Adverbs

명사의 의미관계 유형에는 기본관계인 동의(synonymy), 반
의(antonymy), 상의/하의 계층관계(hypernymy/hyponymy), 부
분/전체 관계(meronymy/holynymy) 유형이 있다. 동사의 의미
관계 유형으로는 함의(entailment), 양식(troponomy) 관계가 있
다. 형용사와 부사의 경우 의미관계 유형이 별로 많지 않으며,
명사로부터 파생된 관계형용사는 그 명사와 연결되고, 부사는
형용사에 접사를 첨가하여 만들어진다. WordNet의 개념 분류
체계는 품사별로 구축되지만 분류 범주는 배타적이지 않으며,
서로 다른 범주에 속한 개념들 사이에도 상하관계 이외의 다
른 관계, 심지어 부분-전체 관계까지도 설정될 수 있다. <그림

3>은 WordNet에 표현된 명사의미망(semantic network)의 일부를 보여주는데, 단어(words)에 대응하는 개념(concepts) 간의 관계는 다대다(多對多) 대응관계로 표현하며, 노드(node)와 링크(link)로 구조화된다(이재윤, 김태수 1998).

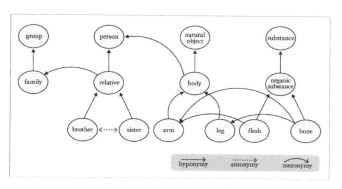

〈그림 3〉 WordNet에 표현된 명사의 의미관계 네트워크(Miller 1993)

WordNet과 시소러스의 차이점 중 하나는 시소러스가 명사의 단어와 단어 간의 관계를 표현하는 것에 비해 WordNet은 명사, 동사, 형용사, 부사를 동의어 집합으로 정리하며, '단어-단어' 관계와 더불어 '단어-단어 의미' 관계를 포함한다는 점이다. 특히 move-jog-run의 사례처럼 동사의 상하위 관계에서 행동의 특정 방식을 표현하는 양식관계나, pay-buy의 사례에서 보듯이 행동이 필수적으로 수반하는 다른 행동과의 관계를 맺어 함의관계를 표현함으로써 단어 간의 관계를 보다 명확하게 서술해줄 수 있다.

<그림 4>는 WordNet의 계층구조인 <isA> 관계를 표현한 관계모형이다. WordNet의 계층구조는 하나의 상위어로부터 출발하여 개별

적인 의미 자질이 승계되면서 의미구조를 형성하게 되는데, 특정 상위어는 총체적이고 보편적인 의미 자질을 상속해 준다. 하위어는 상위어로부터 특성(attributes), 기능(functions), 부분(parts)이라는 세 가지의 자질을 상속받게 되며, 하위어는 승계받은 의미 자질과 함께 직속 상위어를 구별해 주는 자질을 적어도 하나 이상 추가하여 갖는다.

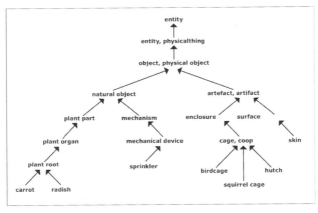

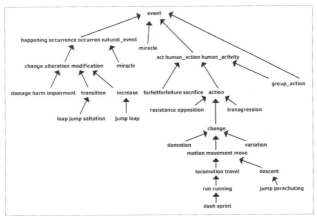

〈그림 4〉 WordNet의 계층구조 및 〈isA〉 관계(Ene and Wayne 2006)

2.1.2.2 ConceptNet

컴퓨터에 상식을 부여하자는 취지로 1999년 MIT 미디어랩에 의해 크라우드소싱으로 시작된 'Open Mind Common Sense(OMCS)' 프로젝트는 웹을 통하여 70만 개 이상의 문장이 탑재된 대규모 '상식 기반 지식베이스'로 발전되었다. 이를 토대로 개발된 ConceptNet은 경직된 사전적 정의나 관계에 의한 지식이 아니라, 많은 사람이 공유하는 지식체계와 그 지식이 자연어로 표출되는 방식을 의미론적 그래프로 나타낸 의미망(semantic network)이다(Liu and Singh 2004). 또한 인간의 지식체계와 그 지식이 자연어로 표출되는 방식을 표현할 수 있는 시맨틱 어휘(vocabulary)를 기반으로 의미론적 그래프인 ConceptNet을 생성시켜 현실 세계 문서의 텍스트 분석에 의한 추론 업무를 지원한다. 2017년에 ConceptNet5.5가 개발되었으며 최근까지 ConceptNet5.6 버전으로 갱신되었다(http://conceptnet.io/).

ConceptNet은 노드(node), 연결선(edge), 관계(relations)로 구조화되며, 노드는 개념을, 노드와 노드는 관계를 통해 연결되어 하나의 주장(assertion)이 형성된다. 이는 두 개념 간의 특정 관계에 의한 상식적 주장들이 연결선으로 맺어지는 방향성 그래프로 표현된다. <그림 5>는 ConceptNet의 구조화 모형으로 ConceptNet에 대한 정의(isA)와 목적(isUsedFor), 특성(hasProperty) 등을 표현하고 있다.

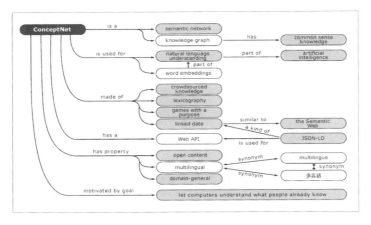

〈그림 5〉 ConceptNet의 구조와 특성(http://conceptnet.io/)

ConceptNet은 OMCS 코퍼스에 들어있는 일반적 문장 패턴을 지식 수집 웹사이트에 사용되는 'fill-in-the-blanks' 템플릿을 사용하여 특별한 관계인 '주장'들로 표현하게 된다. 따라서 단어보다는 개념에 초점을 두고, 정형적인 언어학적 정밀함보다는 비정형적 개념의 연결 관계를 강조하게 된다. OMCS의 자연어 주장들은 두 개념(node) 간의 관계로서 표현되는데, ConceptNet5.5에서는 IsA, UsedFor, CapableOf 등 36개 코어 관계를 통하여 가능한 관계들을 정의하고 있다. 개념 간 관계인 '주장'은 외부 데이터를 가져오는 출처에 따라 정당화되는데, ConceptNet5.5는 800만여 개 노드와 2100만여 개 연결선으로 이어진 주장들을 탑재하고 있으며, 주요 출처는 OMCS, WordNet, GlobalMind, DBPedia와 83개 국어를 제공하는 Wiktionary 등이 있다(Speer and Havasi 2017).

ConceptNet은 다른 시맨틱 지식베이스인 WordNet과는 구조적으로 유사하고, Cyc와는 일상적 지식체계의 광범위한 개념을 바탕으로 한다는 공통점이 있다. 그러나 WordNet은 사전적인 추론을, Cyc는 논리적인 추론을 기반으로 하는 데 반해, ConceptNet은 문맥을 기반으로 하는 추론과 관계의 문맥적인 의미에 초점을 둔다. 또 WordNet과 Cyc에서 지식은 전문가에 의해 생성되지만, ConceptNet은 일상의 대중이 참여하는 가운데 만들어지는 OMCS 코퍼스를 통해 생성된다. 어휘 범주에 따른 동의어 집합으로 구조화된 WordNet과 비교할 때, <그림 6>과 <그림 7>에서 확인되는 바와 같이, ConceptNet은 보다 풍부한 의미적 관계 유형과 현실 세계 텍스트에 대한 문맥적 추론에 최적화되어 있음을 알 수 있다. ConceptNet은 수십 년간 수작업으로 구축해온 WordNet, Cyc와 같은 기존의 정보관리 방법을 혁신하여, 현실 세계의 다양한 텍스트에 대한 풍부한 문맥적 추론을 바탕으로 AI 기반 인공지능 구현을 목표로 성장하고 있다.

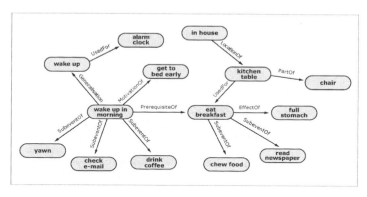

〈그림 6〉 동사구, 전치사구 등으로 구조화된
ConceptNet2.0(Liu and Singh 2004)

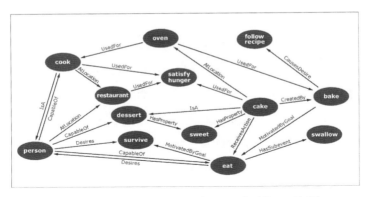

〈그림 7〉 ConceptNet5이 생성하는 고도의 지식으로 연결된
개념의 클러스터(Speer and Havasi 2017)

2.1.3 구조적 엔터티 정의시스템

2.1.3.1 STNet

STNet은 Structural Terminology Net의 약자로, 유사한 속성을 가진 개념범주에 따라 용어를 분류하고, 개념범주가 가지는 속성을 체계화한 다음, 그 속성에 따라 개별 용어의 의미를 정의하여 데이터베이스로 구축한 구조적 용어사전이다. 전통적인 용어사전이나 시소러스와 같은 기존 지식조직체계가 가지는 용어 간 의미구조의 불명확성, 개념에 대한 본질적 속성 파악의 어려움, 의미론적 정보검색 및 추론 기능 제공의 한계를 극복하기 위하여 제안되었다. STNet은 2012년 한국연구재단(NRF: National Research Foundation of Korea)의 토대연구지원사업의 하나인 '인문사회 및 복합학 분야 연구 성과물의 지식지도 형성을 위한 구조적 용어사전 지식베이스 구축'을 위하여 3년 동안 수행된 연구의 결과물로 구축되었다(고영만 외 2016). STNet의 개발을

위하여 한국학술지인용색인(KCI: Korean Citation Index)에 등재된 학술논문의 저자 키워드와 국회도서관 및 법원도서관의 시소러스 등으로부터 용어를 수집하여 데이터베이스 구축 대상 용어를 선정하고 표준화하였다. 또한 선정된 용어들을 출처 자료의 식별 번호와 연결하여 학술 연구 및 정보관리 기관에서 기능과 목적에 따라 다양한 서비스를 구현할 수 있게 하였다.

STNet에는 2015년 8월 기준 약 6만 건 이상의 용어가 구축되어 있으며, 주요 기술 항목을 요약하면 <표 6>과 같다. STNet에 수록된 용어의 주제 분야는 한국연구재단 연구 분야 분류표(중분류)에 의거한 인문학, 사회과학, 예술/체육 분야이며, 수록 용어들은 개념 범주와 관계 술어를 통하여 구조적으로 정의된다.

〈표 6〉 STNet 주요 기술 항목 개요

구분	구축 현황	
Number of terms(구축 용어수)		55,236
Number of data in properties (속성 기술 현황)	objectType	72,839
	codeType	7,251
	textType	18,733
소계		98,823
Number of links between terms relation predicates (관계 술어 기술 현황)	Equivalent relationships(동등관계)	21,982
	Hierarchical relationships(계층관계)	66,995
	Associative relationships(연관관계)	120,724
소계		209,701

STNet의 구축 과정 및 핵심 개념의 설명은 다음과 같다. 개념범주(또는 클래스)는 구조적 용어사전에 포함된 개념들을 집단화하기 위한 값으로, 해당 개념범주에 속하는 용어들은 동일한 개념 속성을

갖는다. STNet 텍사노미 구조의 최상위 개념범주는 기존 지식체계에서 제시된 범주와 선정된 학술용어의 의미적 분석, 형태적 분석을 토대로 도출하였으며, 「개체(A)」, 「활동/기능(B)」, 「특성(C)」, 「이론/방법(D)」, 「형식/틀(E)」, 「일반/공통(X)」, 「인스턴스(Y)」의 7가지 유형으로 구분되었다. 최상위 7개 기본범주는 다시 공통의 특성으로 범주화가 가능한 27개의 중위범주와 143개의 하위범주로 세분된다 (<그림 8> 참조).

Class Tree	관계그룹 ▼	관계명 ▲	역관계명	관계속성 ▲
A01 인간	N 종	hasKind	hasKind	종류(유형)
A02 기관/조직	N 종	includesSpecific	isA	종(種) X
A03 자연물	N 부분	NT	BT	하위어
A04 인공물	N 부분	hasComponent	isComponentOf	구성요소
B01 행위/행동/역할	N 부분	hasMember	isMemberOf	구성원(집합조직도)
B02 변화(변동)	N 부분	containsSubstance	isSubstanceOf	자연물 부분
C01 특성(성질)	N 부분	hasIngredient	isIngredientOf	인공물 부분
C02 심리	N 부분	spatialyIncludes	isSpatialyIncludedin	공간적 부분
C03 현상/이슈	N 부분	hasBranch	isBranchOf	분기
D01 이론(사상,이념,주의,법칙)	N 사례	hasInstance	isInstanceOf	사례(고유명사)
D02 제도(체제)	(동)동의	Use	UF	우선어
D03 방법	(동)동의	UF	Use	비우선어
D04 기법/전략	(동)동의	hasSynonym	hasSynonym	동의어 X
E01 유형/양식/장르	(r)개념적	hasTributary	isTributaryOf	합류(통합)
E02 모형/기준	(r)개념적	hasIssue	isIssueIn	이슈/주제
E03 언어/각국어	(r)개념적	hasPhenomenon	isPhenomenonOf	현상
E04 공간	(r)개념적	isPhenomenonOf	hasPhenomenon	현상의 대상
X01 지명	(r)개념적	hasPurpose	isPurposeOf	목적
X02 시대/시간	(r)개념적	isCausedBy	hasResult	원인 ☆
X03 관계/상호작용	(r)개념적	hasSubject	isSubjectIn	주제
Y01 인명	(r)개념적	isOriginOf	originatesFrom	기원(근원)
Y02 창작물명	(r)개념적	hasResult	isCausedBy	상대산물(결과)☆
Y03 사건명	(r)개념적	hasState	isStateOf	상태
Y04 개념물명(문화재)	(r)개념적	isBaseFor	isBaseFor	★
Y05 법률/제도명	(r)개념적	isBaseFor	isBaseFor	★
Y06 기관/단체명	(r)개념적	RT_Y	RT_X	◄
Y07 상품명	(r)개념적	RT_X	RT_Y	►
Y99 기타 인스턴스명				
Z99 기타주제어				
ZZ01 분류표용어				

〈그림 8〉 STNet의 텍사노미(중위범주)와 관계 술어

개념 속성이란 특정 개념이 갖는 공통된 특성들의 집합으로 해당 개념에 대한 메타데이터 요소의 성격을 갖는다. 고유명사의 경우는 개념 속성의 상세화가 용이하나, 학술용어에서 사용되는 실체적·추

상적 개념 클래스의 경우에는 구체적인 개념 속성이 없는 경우도 있다. 개념 속성으로 입력되는 값의 유형은 구축자가 직접 입력하는 문자열 형태의 text형(textType), 입력값의 일관성 유지를 위해 개념 속성값을 조회하여 입력하는 object형(objectType) 또는 기본 코드 표를 참조하는 code형(codeType)이 있다(<부록 1> STNet 텍사노미 및 개념 속성 참조).

STNet을 위한 시맨틱 어휘로 사용된 관계 술어는 역관계명을 포함하여 총 97개(52set)이다. 시소러스에서 규정하는 기본관계인 동등관계, 계층관계, 연관관계에서 나아가 확장된 관계를 포함한다. 특히 시소러스에서 포괄적이라는 지적을 받는 연관관계의 개념 속성에 대해서 STNet에서는 랑가나단의 패싯을 기본으로 개념적 연관, 물리적 연관, 기능적 연관, 시간적 연관, 공간적 연관, 반의관계 등으로 나누어 관계 유형을 세분화하고 정형화하였다(<부록 2> STNet 관계 술어 참조).

STNet 데이터베이스는 먼저 수집된 학술용어들에 대하여 개념범주를 설정하고 관계 유형 명세서로 구조화된 사전 구축기를 통하여 직접 용어 데이터를 입력하는 작업을 통해 구축되었다. 또한 온톨로지 구축을 위하여 구조적 용어 정의 방식에 의해 구축된 STNet의 데이터를 RDF로 매핑하여 변환하고, Pellet 추론기를 사용하여 온톨로지 구조를 검증하였다. 그리고 STNet을 통하여 구축된 온톨로지에 대하여 의미 검색의 가능성을 확인하기 위하여 입력된 실제 데이터로 추론 제한 규칙과 검증에 필요한 시나리오를 설정한 후, TBox 검증과 SPARQL 쿼리를 통하여 추론 검색의 결괏값을 평가하는 연구를 수행하였다. 의미 검색의 검증 결과를 토대로 STNet

은 기존의 키워드 검색에서는 파악하기 힘든 복잡한 검색 시나리오에 대해서도 의미적으로 연관되는 용어를 효율적으로 조합하는 결과를 보여준다고 평가되었다(Ko, Song and Lee 2016).

2.1.3.2 Schema.org

Schema.org는 웹 콘텐츠를 구조화된 데이터(Structured data)로 정의하기 위해 인터넷 커뮤니티와 구글 등 관련 업체들이 2011년부터 추진해온 협력적 활동이다. '구조화된 데이터'란 다양한 정보를 담고 있는 웹 문서의 콘텐츠를 논리적으로 조직화하여 웹사이트에서 제공하는 정보를 올바르게 해석할 수 있도록 체계화된 데이터를 말한다. 통상적으로 HTML 태그로 작성되는 웹사이트 정보로는 콘텐츠의 의미를 파악할 수 없으므로, 웹 문서의 정보를 구조화하여 올바른 검색 결과를 제공할 수 있게 해준다는 개념이다.

Schema.org에서 정의하고 있는 구조화된 데이터는 2015년 웹 표준의 하나로 W3C에 공식 편입되어 지속적으로 표준화 활동이 진행되고 있다. Schema.org는 구조화된 데이터를 기술하기 위하여 Microdata, RDFa, JSON-LD의 세 가지 어휘체계(vocabulary)를 지원하고 있으며, 현재는 Microdata 사용을 권장하고 있다. Microdata는 2014년에 표준으로 확정된 WWW의 핵심 마크업 언어인 HTML5와 함께 소개되었으며, 메타데이터를 지정하는 방법을 표현하는 일련의 태그들을 말한다. Microdata는 모든 HTML 요소에 지정할 수 있는 글로벌 속성(global attributes)으로 itemscope, itemtype, itemid, itemprop, itemref가 있으며, 기존 HTML 태그들과 같이 해당 부분이 어떤 정보인지를 표시하는 방식으로 사용된다. itemscope는 웹페이지가 시작될 때 'about(무엇에 대한 것인지)'를

기술하기 위하여 HTML 태그에 덧붙이는 요소이다. itemtype은 item의
타입을 특정해 주는 역할을 하며, itemid, itemprop, itemref는 특정 item
에 대한 속성 표현을 위해 덧붙인다.

다음의 <그림 9>는 웹 문서로 표현된 영화 <아바타>를 사례로
itemscope와 itemtype를 설명하는 방식을 보여준다(schema.org Tutorial
2019). 제시된 웹페이지가 <아바타>에 관련된 것임을 표현하기 위하여
HTML 태그에 itemscope를 덧붙여 줌으로써 <div> … </div> 구역 내
에 담겨있는 HTML 문서의 콘텐츠가 특정 항목에 대한 것임을 지정
해 준다. 다음에 itemscope에서 지정한 특정 항목이 무엇인지를 구체
적으로 표현하기 위하여 itemtype을 사용해 itemscope의 속성을
'영화(movies)'로 정의해 준다. 여기에서 웹 문서에 담겨있는 항목
은 schema.org에 정의된 영화 <아바타>를 구체적으로 표현한 것이 되
는데, 이 사례에서 itemtype은 URLs(http://schema.org/Movie)로 제공
되었다(<그림 9> 참조).

```
<div>
<h1>Avatar</h1>
<span>Director: James Cameron(born August 16, 1954)</span>
<span>Science fiction</span>
<a href="../movies/avatar-theatrical-trailer.html">Trailer</a>
</div>
```

```
<div itemscope>
<h1>Avatar</h1>
<span>Director: James Cameron(born August 16, 1954) </span>
<span>Science fiction</span>
<a href="../movies/avatar-theatrical-trailer.html">Trailer</a>
</div>
```

```
<div itemscope itemtype="http://schema.org/Movie">
<h1>Avatar</h1>
<span>Director: James Cameron(born August 16, 1954)</span>
<span>Science fiction</span>
<a href="../movies/avatar-theatrical-trailer.html">Trailer</a>
</div>
```

〈그림 9〉 Microdata(itemscope, itemtype)를 사용하여 콘텐츠를 표현하는 방법

itemprop는 item의 특징을 표현하는 속성으로, <그림 10>의 사례에서는 영화 <아바타>에 대하여 배우와 감독, 흥행 순위 등 부가 정보를 검색엔진에게 알려 주기 위한 것이다. 영화에 관련된 모든 속성은 http://schema.org/Movie에 정의되어 있으며, 웹 문서에 기술된 항목을 통하여 검색엔진은 http://www.avatarmovie.com이 제임스 카메론이 감독한 공상과학영화 <아바타>에 대한 URL이며, 예고편으로 연결됨을 이해하게 된다(<그림 10> 참조).

```
<div itemscope itemtype ="http://schema.org/Movie">
<h1 itemprop="name">Avatar</h1>
<span>Director: <span itemprop="director">James Cameron</span>(born August 16, 1954)</span>
<span itemprop="genre">Science fiction</span>
<a href="http://www.avatarmovie.com/movies/avatar-theatrical-trailer.html" itemprop="trailer">Trailer</a>
</div>
```

〈그림 10〉 itemprop을 사용한 속성 표현

item의 속성값은 또 다른 item의 속성이 되기도 하는데, 영화감독에 대한 속성값은 '사람'이라는 item type으로 지정할 수 있으며, '이름', '생몰년' 등 사람에 대한 속성들을 갖게 된다(<그림 11> 참조).

```
<div itemscope itemtype ="http://schema.org/Movie">
<h1 itemprop="name">Avatar</h1>
<div itemprop="director" itemscope itemtype="http://schema.org/Person">
Director: <span itemprop="name">James Cameron</span>(born <span itemprop="birthDate">August
16, 1954</span>)
</div>
<span itemprop="genre">Science fiction</span>
<a href="../movies/avatar-theatrical-trailer.html" itemprop="trailer">Trailer</a>
</div>
```

〈그림 11〉 embedded items를 사용한 속성값에 대한 속성 표현

    Schema.org는 데이터의 구조화를 위해 계층구조의 '타입(types)' 과 '속성(properties)'이 정의된 scheme.org vocabulary를 가지고 있다. 현재 많이 쓰이는 주요 시맨틱 어휘(core vocabulary)로는 614 개 타입, 905개 속성, 114개 속성값이 있다. 타입은 클래스 타입 (types or classes)과 데이터 타입(data types)으로 나누어지는데, 클래스 타입에는 최상위 패싯으로 'Thing'이 있고, 그 아래 9 개 하위 타입을 기본 구조로 갖는다. 하위 타입 각각은 클래스 라고도 하며, 각각의 하위 타입인 Action, CreativeWork, Event, Intangible, MedicalEntity, Organization, Person, Place, Product 등 은 다시 계층적으로 구체화된다. 데이터 타입은 웹 문서를 기 술하기 위해 데이터값의 형식을 지정해 주는 것으로, 역시 계 층구조로 전개된다(https://www.w3resource.com/schema.org). Schema.org에서 지원하는 데이터 타입에는 Boolean(True or False), Date(ISO8601 date format), Number(정수 또는 소수점), Text(문 자열 또는 URL) 등이 있다(<그림 12> 참조).

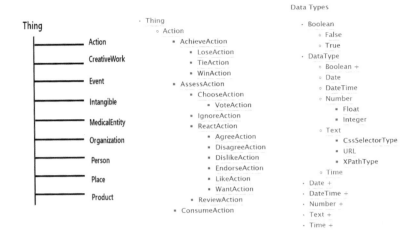

〈그림 12〉 schema.org의 최상위 범주 및 계층구조

Scheme.org vocabulary의 속성은 웹 문서 또는 콘텐츠에 대한 세부 정보를 기술한 데이터 타입의 구성 요소이며, 각각의 타입에 따라 해당되는 속성이 정의된다. 최상위 타입인 'Thing'은 name, description, url, image의 4개의 속성을 갖고 있으며(<표 7> 참조), Thing의 하위 타입들은 각각의 계층구조에서 상위 타입이 갖는 속성을 물려받고, 해당 타입에 정의된 고유 속성을 추가하게 된다. 속성은 각각의 타입에 대한 메타데이터의 성격을 갖게 된다.

〈표 7〉 최상위 타입 Thing의 속성

Properties	Type	기술 내용
description	Text	Item을 간략하게 설명하는 내용을 기술한다
image	URL	Item의 이미지가 있는 URL을 기술한다
name	Text	Item의 이름을 기술한다
url	URL	Item의 URL을 기술한다

Schema.org는 검색엔진을 위한 혹은 다른 응용 프로그램에서 사용하기 위한 웹 문서의 구조화된 데이터에 기능적으로 정의되는 확장형 스키마들을 포함하고 있다. 이러한 확장형 스키마들은 웹으로는 공개되지 않고 내부적으로 schema.org vocabulary를 지원하기 위해 정의되며, 여기에 속하는 타입 및 속성을 메타 섹션(https://meta.schema.org/)으로 구분하고 있다. 메타 섹션는 2개의 타입과 4개의 속성이 구분되어 있는데, 타입에는 Class와 Property가, 속성에는 domainIncludes, inverseOf, rangeIncludes, supersededBy가 포함된다.

2.2 선행 연구

2.2.1 텍사노미에 관한 연구

텍사노미라는 말은 앞서 정의한 바와 같이 생물학에서 유래한 용어로, 정보학에서는 통제 언어로 정렬된 주제 기반의 계층적 분류체계라는 의미로서 개념을 범주화하는 지식조직체계의 한 방법이다(고영만 2019). 텍사노미 자체는 메타데이터가 아니지만 다양한 메타데이터 구조 안에서 개념을 범주화하기 위해서 사용된다. 의미론의 기초로서 개념학을 연구한 김봉주(1992)는, 개념과 범주는 지식을 표현하고 조직하기 위한 기본 도구로서 범주는 어떤 개념 또는 사건을 속성의 유사성에 근거하여 군집화한 것이며, 개념은 동일 속성을 지닌 대상물로부터 추상하여 일반화한 관념이라고 정의하였다. 문헌정보학에서 중요하게 다뤄지는 전통적인 분류체계를 비롯하여 지식과 학문에 대한 분류, 카테고리나 클래스 설정을 통한 지식조직의 체계화, 개념 유형화와 디렉토리, 온톨로지의 텍사노미 등은 대상 분야와 특성에 따라 기술적 적용 방법의 차이는 있으나 모두 주제나 개념을 범주화하는 데 본질적인 관심을 두고 있다.

텍사노미에 관한 선행 연구로는 개념의 범주화에 대한 인지학적 연구로 시작하여, 개념 범주화의 유용성을 논하거나 방법론을 다루는 연구가 있으며, 실제 개념범주 텍사노미를 조직하기 위하여 저자 키워드를 분석한 연구들도 있다.

개념의 범주화에 대하여 Tayler(1997)는 인간 활동의 근본으로서 언어적으로 카테고리를 구분하는 작업은 다양성 속에서 유사성을 파악하기 위한 인간의 기본 능력이며, 인지언어학을 위한 토대가 된다고 파악하였다. 인지의미론을 연구한 임지룡(1997)은 개념의 범주화는 인간이 현상 세계를 의미 있는 단위로 나누어 파악하는 장치라고 분석한다. 개념 범주화의 유용성 측면을 연구한 윤성희(2009)는 어휘의 의미에 대하여 범주 분류가 잘 정의되어 있는 경우, 검색 대상 문서들에 대한 의미정보 분류를 기반으로 검색의 정확률이 크게 향상될 것이라고 강조했다. 이와 관련하여 Prasad and Guha(2008)는 계층구조인 텍사노미를 기반으로 주제어 온톨로지를 구축할 경우, 추론 도출을 통하여 이용자의 정보 문제 해결에 훨씬 부합하는 결과를 얻을 수 있다는 장점이 있다고 강조하였다. 이 연구는 텍사노미의 각 개념범주, 즉 클래스에 대한 속성 항목에 따라 규정된 연관관계로부터 추론 규칙이 생성될 수 있으며, 이를 토대로 의미적 연관 검색이 가능함을 시사하고 있다.

개념의 범주화에 대한 방법론은 어떤 관점으로 구조화할 것인가에 따라 기준이 다르게 적용될 수 있다. 물리적 개체를 속성에 따라 개념화하고 이에 대하여 범주화할 수 있으며, 추론 기법이나 분석 기법 혹은 사용 목적에 따라 구체적인 대상이나 추상적인 대상을 구분할 수도 있고, 제품, 제조 과정, 기타 유용한 성질을 기준으로 범주화할 수도 있다. 주제 분야에 있어서 개념의 범주화는 특정 주제 영역에서 사용되는 개념의 성질에 의해서도 구조화될 수 있다 (김태수 2000). 특히 주제어의 어휘를 범주화하는 분류체계, 지식구조, 온톨로지 연구는 모두 이용자가 더 쉽게 접근하고 직관적인 방식으로 정보를 브라우징할 수 있도록 개념범주를 체계화하는 데 중점을 두고 있다. 주제어, 즉 키워드는 정보 이용자가 특정 개념으로 접근할 수 있도록 추출되어야 하며, 학술논문의 경우에는 저자가 가장 핵심적이고 중요하다고 판단하여 추출한 것이 저자 키워드이다. 저자 키워드는 관련 영역의 전문가들이 인식하고 있는 현재의 지식 상태를 반영한 개념들이므로, 이들을 대상으로 개념범주의 텍사노미를 조직할 경우 연구자들에게 유용한 지식구조의 토대를 제공할 수 있게 된다(고영만, 김비연, 민혜령 2014).

학술논문의 저자 키워드에 대한 연구는 주로 네트워크 관계 분석 및 클러스터링 기법을 적용하여 지식구조를 분석하는데, 상당한 용어를 연구 대상으로 하기에 네트워크가 복잡하게 형성되며 네트워크 중심 허브와 연결 관계 분석이 용이하지 않다. 따라서 연구의 대상 분야, 선정 용어 수, 연도의 범위가 제한적일 수밖에 없으며 (박옥남 2011; 이혜영 2011; 장임숙 외 2011), 보다 광범위한 학술 용어들의 개념범주에 대하여 텍사노미를 구축할 수 있는 접근 방법이 필요하게 되었다.

이러한 맥락에서 고영만, 김비연, 민혜령(2014)은 KCI에 등재된 인문학, 사회과학, 예술/체육 분야의 학술논문 저자 키워드를 대상으로 용어의 의미적 분석과 형태적 분석을 수행하였다. STNet 데이터를 대상으로 기존에 연구된 개념범주 텍사노미의 적합성을 비교 분석하고, 개념범주의 신설, 세분화, 통합, 삭제, 이동 등의 방법을 통해 개념범주별 용어 분포의 불균형이 개선되고 용어의 속성이 보다 상세하게 표현되는 결과를 제시하였다.

2.2.2 관계 술어에 관한 연구

정보자원 간의 의미적 연관관계를 파악할 수 있는 시스템을 만들기 위해서는 정보자원의 키워드가 가지는 개념 간의 관계를 분석하여 다양한 연관관계 유형을 밝혀내는 작업이 선행되어야 한다. 관계 술어는 이러한 작업을 통해 나타난 의미적 연관관계를 정의하고 진술하는 데 사용되는 표현이다. 2011년 Datalift Project(https://datalift.org/)를 통해 웹상에서 관계 술어의 재사용성과 상호운용성을 높이기 위한 'Linked Open Vocabularies(이하 LOV)' 플랫폼 구축 사업이 시작되었으며, 2019년 11월 기준 LOV에는 웹상의 데이터를 연결하고 기술하기 위해 특정 목적에 따라 개발된 680여 종의 Vocabulary, 즉 관계 술어 어휘체계로 구성된 시맨틱 어휘가 등록되어 있다(LOV 2019).

관계 술어에 관한 연구는 시소러스나 온톨로지에서 표현된 용어 관계에서 나타나는 의미적 관계 유형을 어떻게 기술할 것인가를 다루는 연구를 말한다. 따라서 관계 술어에 관한 연구는 용어 간 의미적 관계들을 분석하여 관계 유형을 최적화하고 관계명을 세분화하는 방안에 연구의 초점을 두며, 대체로 유사 연구에서 추출한 관계 유형들을 정리하거나 비교 분석하는 양상을 띠게 된다(정현숙, 최병일 2005; 조이현 외 2006; 김규환 외 2008). 백지원과 정연경 (2005)은 시소러스나 온톨로지의 용어관계에 관한 기존의 연구 사례 29건을 분석하여, 동등관계, 계층관계, 연관관계를 포함하여 관계의 세부 유형 총 720여 개를 도출하였다. 의미관계의 세부 유형에 대해서는 관계의 구분 기준이 불분명한 것으로 나타나는데, 단일 체계로 관계 유형을 최적화하기 위해서는 학문 분야 간의 협력 작업을 통하여 합의하는 과정이 수반되므로 실현되기는 쉽지 않은 일이다. 관계명을 세분화하는 방안과 관련하여 백지원(2005)은 패싯 분석 방식을 적용하여 연관관계를 세분화할 수 있으며, 용어 간 상호관계의 논리적 특성을 고려한다면 역관계가 설정될 수 있다는 것을 발견하였다.

한편 기존 유사 연구들에서 관계 유형을 추출하는 연구와는 달리, 전산화된 방법으로 용어의 의미관계를 새롭게 구축하여 관계 술어를 연구하는 방법이 제안되었다. 주로 텍스트 마이닝 기술을 이용해 텍스트 내에 존재하는 동사 및 관련 용어들을 추출해 설계하는 방법을 사용하거나(임수연, 박성배, 이상조 2005; 정현기, 김유섭 2008; 황미녕 외 2012), 기존에 구축된 유사한 프로젝트의 관계 구조를 매칭하는 방법론이 적용되었다(Maedche and Staab 2002; 공현장 외 2005; 한성국, 이현실 2006; Akbari and Fathian 2010).

그러나 전산 처리 분석 방법에 의하여 관계 술어 유형을 추출한 결과에 대해서는 사람이 직접 검토하거나 보완하는 작업이 병행되어야 한다는 주장이 꾸준히 제기되었다. 전말숙(1998)은 전산 처리에 의한 자동화 방법론을 관계 술어 구축에 적용하는 것에 대하여, 동의관계, 유의관계, 연관관계를 구체화하는 데에는 적용 목적이나 개발자의 관점 등에 따라 논리적인 기준이 다를 수 있어서 용이하지 않다고 강조했다. 덧붙여 Zhitomirsky-Geffet and Erez(2014)는 관계 술어를 실제 적용하는 과정에서 의미적 오류를 줄이기 위해서는 사람이 관계 유형들을 직접 검토하는 과정이 요구된다고 지적하였다.

따라서 정보자원 검색에 있어서 최적화된 의미관계를 도출하기 위해서는 궁극적으로 사람이 직접 관계의 의미를 판단하고 이를 토대로 관계를 유형화하는 작업이 필요하다. 연구자들이 직접 작성한 저자 키워드를 통해 학술논문 간의 의미적 연관관계를 파악할 수 있는 시스템으로서 STNet을 구축하는 과정에서, 실제 입력된 저자 키워드의 의미적 관계들을 분석하여 관계 유형을 최적화하고 관계명을 세분화하는 실증적 분석이 수행되었다(고영만, 송민선, 이승준 2015). 저자 키워드의 의미관계 유형에 대한 분석 과정을 통해서, 관계 유형 최적화를 위해서는 빈도수에 의한 관계명 신설 또는 관계의 유형화 제한, 관계의 방향성 고려, 기존 관계명 반영의 4가지 논리적 기준이 필요한 것으로 나타났다. 또한, 관계 유형 최적화와 관계명 세분화의 분석 결과는 용어관계사전 구축과 검색의 유용성 측면에서 상당한 진전을 가져오게 하는 것으로, 용어 검색에서 한 단계 나아가 관계 유형에 대한 정의를 바탕으로 의미 검색이 가능하게 되는 추론 규칙이 생성될 수 있음을 시사하고 있다.

2.2.3 관계형 데이터베이스의 RDF 온톨로지 변환 방식에 관한 연구

시맨틱 웹의 핵심 개념인 웹 온톨로지는 웹 문서를 생성하는 마크업 언어에서 동일 의미를 가리키는 다른 식별자, 혹은 같은 내용을 다른 구조로 정의하는 식별자끼리의 호환 문제를 해결하기 위해 공유하는 개념들을 명세화한 것을 말한다. '웹 온톨로지 언어 표준'으로 W3C는 Resource Description Framework(이하 RDF), RDF Schema(이하 RDFs), Web Ontology Language(이하 OWL) 등을 제안한 바 있다. RDF는 기계가독형 정보의 교환과 통합을 위하여 데이터(자원) 층에서 기술되는 정보자원과 속성, 속성값의 트리플 구조(subject-predicate-object)로 데이터를 표현한다. 온톨로지 층에서 기술되는 RDFs는 RDF에서 사용되는 어휘 간의 관계를 정의함으로써 각 어휘가 지닌 의미를 표현하는 프레임으로, 지식표현 패러다임으로 확장하여 속성의 도메인을 제한하거나 비슷한 자원을 한데 묶어 클래스로 표현할 수 있게 한다. 시맨틱 웹의 실현을 위해 역시 온톨로지 층에서 기술되는 OWL은 표현력이 가장 뛰어난 온톨로지 언어라 평가되며, RDFs가 가지는 표현력과 추론 능력을 확장하여 속성과 클래스 기술에 풍부한 어휘를 제공해 준다.

웹 온톨로지 언어를 사용하여 온톨로지를 구축하는 것은 상당한 시간과 노력이 요구되는 작업이며, 도메인 전문가가 필요해 쉽게 수행하기 어렵다. 이러한 배경에서 최근에는 이미 구축된 '관계형 데이터베이스(Relational Database, 이하 RDB)'의 데이터를 활용하여 온톨로지를 생성하는 작업과 연구들이 제안되었다(고영만, 김비연, 민혜령, 송민선 2016). 데이터의 구조가 복잡하고 방대한 양의 데이터가 저장된 RDB의 데이터를 활용하여 RDF를 구성하는 것이 별도의 온톨로지 데이터를 OWL로 구축하여 시맨틱 웹을 작성해 가는 방식에 비해 훨씬 용이하기 때문이다.

일반적으로 RDB 테이블은 RDF의 클래스로, RDB의 컬럼 및 속성은 RDF의 속성으로 매핑되며, 두 모형의 요소 간 매핑을 정의한 규칙에 따라 매핑이 이루어진다. 이를 표현하기 위한 방법론은 대체로 W3C에서 제안한 매핑언어 RDB2RDF Mappping Language(이하 R2RML)를 사용하는 방식과 독자적인 매핑언어를 사용하는 Non-R2RML 방식으로 구분된다. R2RML 방식은 매핑언어 중심 방법과 RDB2RDF 연결도구 활용방법으로 다시 나눌 수 있다. R2RML을 기반으로 하여 개발된 연결도구로는 DB2Triples, Morph-RDB 등이 있으며, Non-R2RML 방식의 연결도구로는 Asio Semantic Bridge와 D2R 서버, DB2OWL, Virtuso 등이 있다(Michel, Montagnat and Faron-Zucker, 2014).

특히 Non-R2RML 방식의 연결도구인 D2R 서버는 생성된 매핑정보를 참고하여 SPARQL을 SQL로 변환하며, 질의문을 변환하여 매핑시키는 모델이기 때문에 데이터의 최신성을 보장하고 추가적인 트리플 저장소가 필요하지 않다. 따라서 동적인 RDB의 경우 데이터의 속성 정보가 다양하고 데이터의 변형이 자주 발생하며, 데이터 간의 연결 관계가 지속적으로 변화하기 때문에 Non-R2RML 방식의 변환 모형이 적절하다고 제안되었다(Bizer, 2003; Saboo et al., 2009; 성하정 외 2014). 고영만, 이승준, 송민선(2015)의 RDB 기반으로 구축된 STNet의 RDF 온톨로지 변환 방식 연구에서는 풍부한 의미관계 표현뿐만 아니라 변환 속도 측면에서도 Non-R2RML 방식이 적절한 것으로 분석되었다.

이밖에도 RDB를 온톨로지로 변환시키는 것과 관련하여, 이경호와 이준승(2006)은 XML 문서의 데이터를 분석해 유사도를 기반으로 단말 노드 간 매칭을 계산하고, 문맥 정보를 반영하는 제안된 경로 유사도 비교를 통해 후보 매칭관계 중에서 최종 매칭 결과를 선택하는 방식의 온톨로지 변환 모형을 제시한 바 있으며, 박여삼, 장옥배, 한성국(2008)은 XTM 1.0에 기반해 레거시 데이터를 토픽맵으로 변환한 후 온톨로지를 구축하는 모형을 제시하였다. 최미영과 문창주(2012)는 RDB의 테이블 데이터를 RDF/RDFs로 변환하는 모형을 제시하였으며, 최지웅과 김명호(2014)는 단일 연결 구성을 가진 레거시 RDB로부터 OWL 온톨로지를 자동으로 생성할 수 있는 규칙을 제안하였고, 성하정 외(2014)는 RDB 구성 요소의 의미관계를 고려한 RDB to RDF 매핑시스템을 제안하였다. 그러나 이경호와 이준승(2006)의 연구는 노드의 경로가 유사할 경우 유사도 계산이 어려워 XML 문서 생성 시 데이터 중첩을 방지하는 별도의 정제 작업이 필요하다는 문제점이 있으며, 박여삼, 장옥배, 한성국(2008)의 연구는 레거시 데이터가 실시간으로 온톨로지를 생성하지 못하는 한계를 가지고 있다. 최미영, 문창주(2012)의 연구는 관계가 맺어진 엔터티의 널(Null) 데이터를 삭제해야 하는 추가 작업을 필요로 하는 등의 문제가 있으며, 최지웅과 김명호(2014)의 연구는 복잡한 관계로 구성된 데이터에 적용하기 어렵다. 그리고 성하정 외(2014)의 연구는 표준화된 매핑언어인 R2RML을 사용하여 언어의 재사용성을 높이고 RDB에 저장된 데이터를 단순히 RDF로 변환하는 R2RML을 기능적으로 보완하였다는 점에 의의가 있으나, 저장된 데이터의 변형과 연결 관계가 지속적으로 변화하는

RDB 데이터를 대상으로 적용한 것은 아니라는 한계를 갖는다.

2.2.4 추론 규칙에 관한 연구

추론 규칙에 대한 이론적 연구는 주로 컴퓨터공학 분야에서 의미 검색을 위한 추론시스템 개발의 토대 연구로 수행되었다. 김수경과 안기홍(2007)은 온톨로지의 지식표현과 추론에 따른 단계를 정의하고 정의된 단계에 따라 TBox와 ABox의 지식표현 구조와 SWRL 기반의 추론 규칙을 바탕으로 웹 온톨로지 모델링 방법을 연구했다. 최정화와 박영택(2010)은 Open World Assumption(OWA) 기반의 온톨로지와 Closed World Assumption(CWA) 기반의 비단조 추론을 지원하는 규칙의 지식베이스를 통합하여 Open World와 Closed World 추론을 지원하는 실질적인 시스템을 제안하였다. 김재훈과 박석(2011)은 Drexel 대학에서 개발한 OWLJessKB 추론 규칙을 바탕으로 subClassOf 추론에 대한 그래프 레이블링의 효율성을 다시 검토하였다. 또한 Horridge, Parsia and Sattler(2009)는 온톨로지의 타당성 검증을 위해 공개된 12개 온톨로지에 추론기 HermiT, Pellet, FaCT++를 사용해 각 온톨로지 공리에 대한 검증을 수행하였다. 이와 유사하게 Sirin et al.(2007)의 연구에서는 Pellet을 중심으로 OWL- DL의 추론 범위와 성능을 측정하였다.

한편 온톨로지를 이용하여 특정 도메인에 대한 추론시스템을 개발하는 연구도 다수 진행되었다. 와인 온톨로지를 기반으로 Jena를 사용하여 추론 모형을 생성한 송우종과 김유성(2008)의 연구, 전자우편으로부터 텍스트 의미 분석처리 과정을 통해 얻어진 정보들을 전자우편 온톨로지에 기술하고 의미추론 규칙을 적용하여 해당 전자우편의 범주 및 종류를 분류하도록 한 허정환 외(2008)의 연구, 한의학 약재와 처방에 대하여 OWL 모델링을 기반으로 추론 규칙을 적용한 김상균 외(2009)의 연구, 모바일 기기 사용자의 개인화 서비스를 위해 OWL 모델링을 기반으로 추론 규칙을 적용한 장창복, 김만재, 최의인(2012)의 연구, 자동차 정비를 위한 자동차 몸체, 엔진, 정비 도구에 대한 온톨로지를 구축하고 추론한 박길식, 박성철, 김준태(2012)의 연구가 여기에 해당한다.

문헌정보학을 비롯한 사회과학 분야에서는 온톨로지의 의미정보 표현에 초점을 맞춘 연구가 주로 진행되었다. 김현희와 안태경(2003)은 DAML+OIL을 이용해 국제기구 온톨로지를 설계하고 검색시스템을 구현하여, 검색 시간과 적합성 측면에서의 효율성을 일반 인터넷 검색엔진과 비교하였다. 정상원(2009)은 과학기술 콘퍼런스의 학술적 의미추론 시스템에 관하여 연구하였다. 이태영(2009)은 이야기 쓰기를 돕는 본문 및 문장 검색시스템의 구축을 위해 이야기와 단락 및 문장의 구조를 분석하고 색인 작성과 탐색 질문에 적용되는 언어추론을 분석하였다. 강현민(2010)은 RDF/OWL 개체 속성을 활용하여 청록파 관계 온톨로지를 구축하고 SPARQL 검색을 통하여 질의 결과를 시각화하여 보여줌으로써, 전통적 전거제어 업무에 비하여 온톨로지 구조 검색의 효율성과 편의성 측면을 평가하였다. 고영만과 송인석(2011)은 연구문헌의 지식구조를 반영하는 공리와 의미관계 추론 규칙으로 구성된 실험적 연구문헌 온톨로지 모형을 제시한 바 있다.

위 연구들이 대부분 구체적인 도메인의 온톨로지와 추론 규칙을 도출한 후 해당 구조에 맞춰 하향식(Top-down)으로 시스템을 구성하고 평가하는 방법론을 사용한 것에 비해, 고영만, 송민선, 이승준, 김비연, 민혜령(2015)의 연구는 이미 구축되어 있는 RDB 형식의 지식조직체계인 STNet을 테스트 베드로 삼아 온톨로지 구조와 추론 규칙을 형성시킨 후 이를 STNet의 의미 검색에 적용해 보는 상향식(Bottom-up) 방법론을 제안하고 검증하였다.

2.2.5 법령 온톨로지에 관한 연구

2000년 이후 법령의 전자적 발간 및 보급을 위하여 국가기관을 중심으로 법령정보시스템 개발이 활발하게 이뤄졌으나, 온톨로지 관련 토대 연구는 그리 많이 수행되지 않았다. 법령 온톨로지 구축을 위한 국내 연구는 온톨로지의 실험적 적용과 시맨틱 기법을 적용한 법령정보 검색시스템 설계에 집중되고 있으며, 법령정보의 속성 표현을 위하여 시맨틱 어휘 적용을 실험하는 연구가 일부 수행되었다.

법령 온톨로지의 필요성과 역할을 강조하여 외국의 구축 사례가 소개되면서(장인호 2010), 온톨로지 기반 법령시스템과 현존하는 키워드 기반 법령정보시스템을 비교하여 검색의 성능 및 이용자 만족도를 평가한 연구가 수행되었다(장인호 2011). 이 연구에서 장인호는 도로교통 관련 법규들을 대상으로 법조문에서 규정하는 진술문을 RDF 형식으로 변환하여 법령 온톨로지 실험시스템을 구축하였는데, 자연어 및 키워드 방식이 아니라 미리 정해진 포맷으로 질의-응답하여 해당 법령으로 접근하는 수동식 온톨로지가 제한적으로 구축되었다. 뒤이어 국내 법령을 기계 처리가 가능한 OWL-DL 수준의 온톨로지로 변환하기 위하여 법령 온톨로지를 위한 매핑 규칙이 제안되었다(조대웅, 김명호 2014). 이는 법령의 계층관계와 법령의 고유 속성, 법률 간의 참조 관계 등 법령의 구조적인 관계를 TBox로 구축하였고, 법률 문장을 분석하여 조문 규정별로 나타나는 문장의 패턴 유형을 선별, ABox로 구축될 수 있는 요소들을 추출하고 정의하였다. 또한 이를 바탕으로 매핑 규칙을 정의하여 법령 온톨로지를 설계하였으나, 법령 온톨로지 구조 검증과 의미 검색에 대한 평가는 수행되지 않았다.

한편 전문가 영역인 법령정보를 일반 국민이 쉽게 검색하여 활용하기 위하여 생활용어를 기반으로 법령정보에 시맨틱 검색 방법론을 도입하는 연구가 수행되었다(정승택 2011; 김지현 외 2012). 정승택의 연구(2011)는 사용자 질의어인 생활용어를 법령용어로 추출해줌으로써 시맨틱 서비스가 가능한 법령정보 검색시스템을 설계하였다. 이 논문에서는 공학적으로 시맨틱 시스템 구축에 필요한 주요 기술을 설명하면서 스탠포드 대학에서 온톨로지 구축기인 Protege를 개발할 때 적용한 온톨로지 모델링을 위한 구축 방법론 Ontology Development 101을 소개하였다. Ontology Development 101은 온톨로지 구축을 위한 단계와 절차로서, 먼저 적용 범위를 설정하고, 기존 자원의 활용 가능성을 검토한 다음, 대상 용어들을 수집하여 열거하고, 클래스와 속성, 제약조건을 정의하여 인스턴스를 생성하는 과정으로 설명된다. 김지현 외(2012)의 연구는 생활용어와 법률용어 간의 대응관계를 발견하기 위하여 블로그에 활용된 태그 정보를 수집하여 군집분석을 수행하였고, 클러스터링 용어들을 평가하여 생활용어와 법률용어의 대응관계를 설정하여 명시적인 관계성을 부여하였다. 사용자의 집단지성을 활용한 이 연구는 용어 간의 의미관계 표현을 위하여 SKOS를 적용하였다.

본 연구의 문제의식과 동일하게 기존 자원인 시소러스나 용어사전을 활용하여 법령 온톨로지를 구축하려는 연구(유영준 2005; 조라현 2015; 김대희, 조창희, 전삼현 2015)도 일부 수행되었다. 유영준(2005)의 연구는 시소러스 의미관계의 제한점을 지적하고 온톨로지의 개념 간 관계 설정을 통한 추론 기능을 분석하는 가운데, 법원도서관에서 간행한 법률 분야 관련어집(Legal Thesaurus)에서 추출한 용어들을 사례로 온톨로지의 개념 간 관계 유형을 적용할 수 있다고 설명하였다. 조라현(2015)의 연구는 STNet 구축 과정에서 법령용어에 대한 개념 속성을 도출하기 위하여 국가법령정보센터에서 제공하는 메타데이터를 중심으로 속성을 정의하였다. 김대희, 조창희, 전삼현(2015)은 현존하는 웹 데이터베이스의 상당수가 관계형 데이터베이스로 이뤄져 있음에 착목하여, 법령정보 시소러스를 관계형 데이터베이스로 구조화하여 온톨로지로 발전시킬 수 있음을 시스템 공학적으로 설명하였다. 이들의 연구에서는 온톨로지의 주요 개념인 클래스 및 텍사노미 분석은 연구 대상에서 제외되었다.

한편 법령 관련 온톨로지 구축 연구는 국내보다는 국외에서 많이 진행되어 왔으며, 유럽지역에서는 OWL 기반의 온톨로지 개발 이전부터 JurWordNet, LOIS WordNet 등 시맨틱 관련 기법을 적용한 이론과 실제 구축 사례가 축적되어 왔다. Mommers(2010)는 법률 분야의 온톨로지에 대한 논의를 종합하여 시맨틱 기반 이론, 인식론적 기반 이론, 온톨로지 기반 이론으로 정리하였으며, 기존의 하향식 구축 방법론에서 최근 상향식 온톨로지 생성 방법이 더욱 설득력을 얻고 있다고 평가하면서, 법률 분야에 위키피디아를 적용하여 Jurispedia와 같은 지식베이스가 구축될 것이라고 전망하였다.

2.3 선행 연구 분석

텍사노미는 계층적 분류체계인 DDC를 비롯하여 문헌정보학의 고전적인 연구 주제였으며, 오늘날 웹을 통하여 정보자원을 관리하고 의미적 검색을 지원할 수 있도록 어떻게 텍사노미를 구축할 것인가의 문제는 지속적인 실험과 분석이 필요한 연구 영역이라 할 수 있다. 텍사노미 관련 연구는 개념범주를 어떻게 인식할 것인가에서 출발하여, 개념범주화의 유용성과 방법론에 관한 연구로 이어졌으며, 주제어를 기반으로 계층적 분류의 체계화를 위해 학술논문의 저자 키워드를 대상으로 텍사노미의 적합성을 실험하는 연구로 발전해 왔다.

관계 술어에 관한 연구를 종합해 보면, 시소러스와 온톨로지에 적용된 관계 유형을 추출하여 비교 분석하거나 정리하는 방법에 관심이 모아져 왔다. 더불어 관계 술어의 전산 처리 방법론의 적용과 이에 대한 한계를 연구하면서, 정보자원 검색에 있어서 최적화된 의미관계를 도출하기 위해서는 사람이 직접 관계 유형을 검토할 필요성이 강조되기도 하였다. STNet을 테스트 베드로 저자 키워드의 의미관계 유형 최적화와 관계명을 세분화한 실증적 연구에서는 관계 술어를 바탕으로 의미 네트워크가 형성될 수 있음을 시사함으로써 후속 연구와 향후 다양한 실험이 수행될 필요가 있음이 강조되었다.

RDB 데이터의 RDF 온톨로지 변환 방식에 대해서는 온톨로지 변환 모형과 그에 대한 평가 내용을 중심으로 연구가 수행되어 왔다. 다양한 RDB의 온톨로지 변환 모형이 제시되었으며, 동시에 각

모형의 한계와 문제점도 지적되었다. 매핑언어를 사용하는 방법론은 R2RML 방식과 Non-R2RML 방식으로 나눌 수 있으며, 동적인 RDB의 경우 Non-R2RML 방식의 변환 모형이 적절한 것으로 제안되었다.

추론 규칙에 대해서는 의미 검색을 위한 추론시스템 개발의 이론적 연구, 온톨로지를 이용하여 특정 도메인에 대한 추론시스템을 개발하는 연구, 온톨로지의 의미정보 표현에 초점을 맞춘 연구들이 이루어져 왔다. 대부분 온톨로지와 추론 규칙을 도출한 후 해당 구조에 맞춰 시스템을 구성하고 평가하는 하향식(Top-down) 방법론이 적용되었으나, STNet 구축을 통해 의미 검색 방법론을 실험하여 검증한 고영만 외(2015)의 연구는 상향식(Bottom-up) 방법론으로 추론 규칙을 적용하였다.

법령 온톨로지 관련 연구는 온톨로지의 실험적 적용과 공학적인 시스템 설계에 집중되고 있으며, 본격적으로 법령정보 도메인을 대상으로 클래스와 속성을 분석하는 연구는 많이 이뤄지지 않았다. 오히려 법령 온톨로지 구축을 위한 시사점은 대체로 시소러스와 온톨로지 관련 연구, 개념범주와 관계 술어 관련 연구 등에서 찾아볼 수 있었다.

선행 연구에서 밝혀진 논의를 종합하여 볼 때, 텍사노미 개발을 위한 연구에서 시작된 관계 술어 관련 연구, 관계형 데이터베이스의 온톨로지 변환 방식 및 추론 규칙에 관한 일련의 연구들은 온톨로지 구축을 위한 단계별 과정을 미시적으로 분석한 연구들이다. 선행 연구의 단계별 방법론을 적용하여 연결하면 하나의 온톨로지를 구축하는 거대한 프로젝트를 완성할 수 있는데, 이를 적용한 연구 성과물이 STNet 프로젝트이다. 본 연구에서는 선행 연구를 통해서 축적되고 검증된 온톨로지 구축 방법론을 단계적으로 적용하여 의미 검색을 검증하는 일련의 과정을 하나의 연구 과제에 집중하여 재현해 보고자 하였다. 특히 학문 분야 전체를 대상으로 저자 키워드를 추출하여 용어를 구조화한 거시적인 STNet 프로젝트와 달리, 본 연구는 단일 분야 도메인으로 한정된 법령정보의 클래스와 속성 분석을 통하여 본격적인 법령 온톨로지 구축을 위한 기반을 마련하려는 시도라는 점에 차이가 있다. 아울러 기존 자원의 재활용 가능성을 확인하면서 국회도서관 용어관계사전DB, 즉 시소러스를 대상으로 온톨로지 변환을 실험하여 의미 검색을 검증한 점에 연구의 의의가 있다고 하겠다.

제3장

연구 방법

3.1 연구 모형

본 연구는 국회도서관 용어관계사전DB(시소러스)의 법률용어 디스크립터를 대상으로 구조적 용어 정의 기반의 관계형 데이터베이스를 구축하여 이를 온톨로지로 발전시킨 후, 추론 규칙 생성을 통하여 의미 검색의 가능성을 검증하기 위한 것이다. 2장에서 살펴본 이론적 배경을 바탕으로, 시소러스를 개선하여 온톨로지로 발전시키는 용어학적 접근 방법인 구조적 용어 정의 방식을 본 연구의 방법론으로 적용하였다. 또한 선행 연구를 통하여 체계화된 STNet의 단계적 온톨로지 구축 과정과 절차를 적용하여 온톨로지 구조를 검증하고 의미 검색을 평가하였다. STNet의 온톨로지 구축 방법론은 용어 수집, 텍사노미 분석 및 관계 술어 유형화, 온톨로지 변환, 추론 검증을 위한 의미 검색 평가 과정으로 구성되어 있으며, 각 연구 절차와 단계마다 연구 방법 및 적용 기술이 구체화된다.

본 연구에서는 기본적으로 STNet 구축모형을 적용하고 있으며, 특히 법률용어를 위한 클래스와 속성 정의 방법, 온톨로지 변환 및 의미 검색 실험을 위하여 STNet 구축 과정에서 수행된 선행 연구의 검증된 방법론을 적용하였으나, 세 가지 측면에서 차이점을 지닌다. 첫째, 용어 수집 과정에서 STNet은 저자 키워드를 추출하고 선정하여 정제하는 상당히 논리적이고 복잡한 절차를 거치는데, 본 연구는 기구축된 시소러스의 디스크립터를 추출하여 용어를 수집하였다. 둘째, 텍사노미 분석 및 관계 술어 유형화 측면에서 STNet은 학문 분야 전체를 대상으로 하지만, 본 연구는 법률용어에 집중하여 STNet의 개념범주와 관계 술어를 분야에 맞도록 구체화하여 논리성과 상호운용성을 강화하였다. 셋째, 의미 검색 측면에서 STNet은 '인명' 클래스를 대상으로 실험 설계를 하여 검증하였고, 본 연구에서는 '법령' 클래스에 대한 추론 시나리오를 작성하여 의미 검색을 평가하였다.

<그림 13>은 STNet의 개념 간 관계모형으로, 인명 클래스에 속해있는 하나의 인스턴스('조식')를 중심으로 한 관계모형이 개념 속성과 관계 속성을 통하여 구조적으로 정의되는 과정을 표현한 것이다.

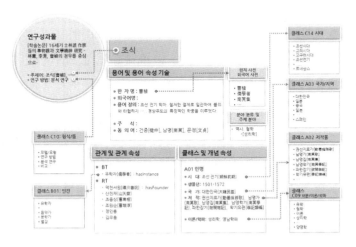

〈그림 13〉 STNet 인명 클래스의 개념 간 관계모형(Ko 2019)

본 연구에서는 STNet의 구축모형을 적용하여, 현행 법령 및 법률용어 디스크립터에 대한 텍사노미 구축, 클래스에 대한 속성 분석 및 속성 간 관계 술어 생성 작업을 토대로 법률용어를 구조적으로 정의하여 관계형 데이터베이스로 구축하였다. 이를 모형으로 나타내면 <그림 14>와 같다.

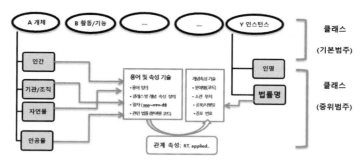

〈그림 14〉 텍사노미와 클래스 속성 연관관계 모형

또한 <그림 15>는 각각의 클래스에 설정되는 개념 속성 및 관계 속성으로 연결되는 연관관계에 대한 상세 모형이다. 모형에서 ◯는 클래스를 표시한 것으로 텍사노미로 체계화된 기본범주를 나타내며, □는 클래스에 대한 개념 속성 또는 클래스 간의 관계 속성을 나타낸다. 개념 속성은 동일 클래스 내에서 엔터티들을 식별해 주고, 관계 속성은 다른 클래스에 속해있는 엔터티 사이에 형성되는 의미적 관계를 표현해 준다.

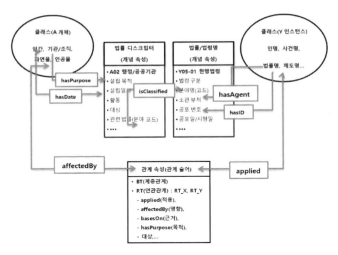

〈그림 15〉 개념 속성의 연관관계 상세 모형

3.2 연구 절차

본 연구는 용어의 구조적 정의를 위한 데이터베이스 설계와 구축, 관계형 데이터베이스의 온톨로지 변환, 쿼리에 의한 검색 평가를 통해 최종적인 연구 결과를 도출하였다. 구체적인 연구 절차는 다음과 같다.

먼저, 본 연구를 위하여 법률용어에 대한 텍사노미 개발과 클래스 속성에 대한 스키마 정의 및 속성 간 관계 술어 생성을 토대로 법률 디스크립터를 구조적으로 정의한 관계형 데이터베이스를 구축하였다.

이후 데이터베이스에 축적된 데이터를 온톨로지로 발전시키기 위해 RDF, RDFs, OWL 등의 온톨로지 언어를 사용하여 온톨로지

법률용어의 구조적 정의에 의한 온톨로지 구축과 의미 검색에 관한 연구

구조를 설계한 후, 특정 데이터베이스 스키마와 RDFs, 또는 OWL 간의 매핑에 적합한 Non-R2RML 방식을 적용하여 RDF 데이터로 변환하였다.

마지막으로 변환된 온톨로지의 의미 검색 가능성을 평가하기 위해 속성별 입력 비율을 산정하여 입력 비율이 높은 순서로 추론 시나리오를 생성하였으며, SPARQL 쿼리를 통해 도출된 검색 결과를 평가하였다.

본 연구의 절차를 요약하면 <표 8>과 같다.

〈표 8〉 연구 절차

연구 단계	연구 내용	연구 방법 / 적용 기술
1. 데이터베이스 설계	• 텍사노미 개발 • 클래스 속성 정의 • 시맨틱 어휘 구성	• 법률 분야 분류 • 메타데이터 스키마 • LOV
2. DB 구축	• 속성값 부여 • 관계 술어 생성	• 관계형 DB
3. 온톨로지 변환	• 온톨로지 구조 설계 • RDF 데이터 변환	• RDF, RDFs, OWL • Non-R2RML
4. 의미 검색 평가	• 추론 시나리오 생성 • 검색 질문 작성 및 평가	• 속성별 입력 데이터 비율 • SPARQL

3.3 단계별 연구 방법

3.3.1 텍사노미 개발

국회도서관 시소러스는 7개 대분류 및 97개 중분류체계의 텍사노미를 갖추고 있다. 법률용어 데이터베이스를 구축하기 위해서는 시소러스에서 추출한 법률용어뿐만 아니라 도메인의 중심인 법령과 판례가 포함되어야 하며, 법령과 판례 및 용어 간의 의미적 연관관계가 텍사노미 구축에 반영되어야 한다. 현행 법률을 관리하는 주무 부처인 법제처에서는 모든 법령에 대한 통합적인 검색시스템으로 국가법령정보센터(www.law.go.kr)를 운영하고 있으며, 각각의 법령에 대하여 소관 부처별, 분야별로 구분하여 제공하고 있다(<표 9> 참조). 국가법령정보센터에서 채택하고 있는 '분야명' 구분은 1974년 우리나라 유일한 종합법령집인 『대한민국현행법령집』 발간 당시부터 유지해온 분류체계로서 모든 현행 법령을 수록함은 물론, 향후 새롭게 추가될 법령을 보다 체계적이고 일관성 있게 수록할 수 있도록 편제를 갖춘 것이다.

〈표 9〉 국가법령정보센터(법제처)의 분야별 법령 구분

기호	분야명	기호	분야명	기호	분야명
00	공통	16	교육·학술	32	전기·가스
01	헌법	17	문화·공보	33	국토개발·도시
02	국회	18	과학·기술	34	주택·건축·도로
03	선거·정당	19	재정·경제일반	35	수자원 ·토지·건설업
04	행정일반	20	내국세	36	보건·의사
05	국가공무원	21	관세	37	약사
06	법원	22	담배·인삼	38	사회복지
07	법무	23	통화·국채·금융	39	환경
08	민사법	24	농업	40	노동
09	형사법	25	축산	41	육운·항공·관광
10	지방제도	26	산림	42	해운
11	경찰	27	수산	43	정보통신
12	민방위·소방	28	상업·무역·공업	44	외무
13	군사	29	공업규격·계량	45	(조약) 별도
14	병무	30	공업소유권		
15	국가보훈	31	에너지이용·광업		

본 연구에서는 법률용어 온톨로지에 적합한 텍사노미를 개발하기 위하여 국회도서관 용어관계사전DB의 패싯 체계와 입법부, 사법부, 행정부 등 국가기관에서 구축한 각종 법률정보시스템을 조사하여 각각의 텍사노미를 분석하였다. 특히 법제처를 비롯해 대표적인 법률 관련 국가기관의 공식 웹사이트 분석을 통해 법령정보의 제공 범위와 각각의 텍사노미 구조를 분석하고, 법령정보 온톨로지를 위한 공통의 텍사노미 구조를 도출하였다. 법률정보에 대한 텍사노미 분석 대상이 되는 국가기관은 국회사무처 및 국회도서관, 대법원 및 법원도서관, 법제처 등 5개 기관이다(<표 10> 참조).

〈표 10〉 국가기관 법령정보시스템 및 법령정보 제공 범위

구분	기관별 법령정보시스템	법령정보 제공 범위
입법부	국회법률정보시스템(http://likms.assembly.go.kr/) 국회법률도서관(http://law.nanet.go.kr)	법령, 판례, 문헌자료, 시소러스
사법부	대한민국법원 종합법률정보(https://glaw.scourt.go.kr) 법원도서관 통합검색시스템(https://library.scourt.go.kr)	법령, 판례, 문헌자료, 시소러스, 법령색인
행정부	국가법령정보센터(http://www.law.go.kr)	법령, 판례, 법령용어사전

3.3.2 클래스와 속성 정의

클래스 속성의 의미 정의(semantics), 속성값의 할당 방식 선언(content rules), 속성의 표현 방식 지시(syntax)를 통해 클래스별 메타데이터 스키마를 구성하였다. 법률용어의 중심인 법률/법령명에 대한 속성 정의는 법제처 국가법령정보센터에서 제공하는 법령명의 메타데이터 속성인 분야명, 법령 종류, 공포 번호, 공포일/시행일, 제정/개정 구분, 법령에 대한 소관 부처, 관련 판례, 법령명 약칭, 이전/이후 법령명 등을 참고하였다(<표 11> 참조). 이때 법령의 '분

야명' 구분은 다른 클래스에 있는 법령용어들과 의미적 관계를 형성시켜주는 연결 지시기호가 될 수 있으므로 분야명 구분에 나온 기호에 따라 코드형(00 공통, 01 헌법, 02 국회, 03 선거 정당 등)으로 체계화하였다.

〈표 11〉 국가법령정보센터의 현행 법령 메타데이터(제1편 헌법)

번호	법령명	분야명	법령 종류	공포 번호	공포일	시행일	제정 · 개정
1	북한이탈주민의보호및 정착 지원에 관한 법률 시행규칙	제1절 국토 · 통일	통일부령	제102호	2019. 04.10	2019. 04.10	일부개정
2	헌법재판소공무원 평정규칙	제3장 헌법재판소	헌법재판소 규칙	제406호	2019. 04.01	2019. 04.01	일부개정
3	헌법재판소장등의 보수에 관한 규칙	제3장 헌법재판소	헌법재판소 규칙	제405호	2019. 03.22	2019. 03.22	일부개정
4	각종 기념일등에 관한 규정	제4절 상훈 · 전례 · 국경일	대통령령	제29562호	2019. 02.26	2019. 02.26	일부개정
5	겨레말큰사전남북공동편찬 사업회법	제1절 국토 · 통일	법률	제16222호	2019. 01.15	2019. 01.15	일부개정
6	개성공업지구 지원에 관한 법률	제1절 국토 · 통일	법률	제16172호	2018. 12.31	2019. 04.01	타법개정
7	헌법재판소 사무기구에 관한 규칙	제3장 헌법재판소	헌법재판소 규칙	제404호	2018. 12.27	2019. 01.01	일부개정
8	남북교류협력에 관한 법률 시행령	제1절 국토 · 통일	대통령령	제29421호	2018. 12.24	2019. 01.01	타법개정
9	북한이탈주민의보호및 정착 지원에 관한 법률 시행령	제1절 국토 · 통일	대통령령	제29421호	2018. 12.24	2019. 01.01	타법개정
10	헌법재판소사무처 행정심판위원회 규칙	제3장 헌법재판소	헌법재판소 규칙	제402호	2018. 12.11	2018. 12.11	일부개정
11	법령 등 공포에 관한 법률	제2절국호 · 국기 · 연호등	법률	제15798호	2018. 10.16	2018. 10.16	일부개정
12	통일교육 지원법 시행령	제1절 국토 · 통일	대통령령	제29159호	2018. 09.11	2018. 09.14	일부개정
13	헌법재판소 보안업무 규칙	제3장 헌법재판소	헌법재판소 규칙	제401호	2018. 08.03	2018. 08.03	일부개정
14	헌법재판소 심판 규칙	제3장 헌법재판소	헌법재판소 규칙	제399호	2018. 06.15	2018. 06.15	일부개정
15	영해및접속수역법시행령	제1절 국토 · 통일	대통령령	제28946호	2018. 06.05	2018. 06.05	타법개정

번호	법령명	분야명	법령 종류	공포 번호	공포일	시행일	제정 · 개정
16	남북협력기금법 시행령	제1절 국토·통일	대통령령	제28946호	2018. 06.05	2018. 06.05	타법개정
17	헌법재판소법	제3장 헌법재판소	법률	제15495호	2018. 03.20	2018. 03.20	일부개정
18	통일교육 지원법	제1절 국토·통일	법률	제15433호	2018. 03.13	2018. 09.14	일부개정
19	남북관계 발전에 관한 법률	제1절 국토·통일	법률	제15431호	2018. 03.13	2018. 09.14	일부개정
20	영해 및 접속수역법	제1절 국토·통일	법률	제15429호	2018. 03.13	2018. 06.14	일부개정

법률/법령명 클래스 외 다른 법률용어의 경우에는 법령의 '분야명'을 STNet 텍사노미와의 매칭을 통하여 생성되는 클래스에 할당하고(<표 12> 참조), 해당 클래스에 대한 개념 속성을 정의하였다(<부록1> STNet 텍사노미 및 개념 속성 참조).

〈표 12〉 STNet의 개념범주(클래스) 설정 및 법률용어 적용사례

기본범주	범주의 개념 설명	중위범주 및 사례
개체(A)	• 시간적, 물리적 공간에 위치하며 실체적 대상 및 가상적 실체	• 인간, 기관/조직, 자연물, 인공물 • 법률용어: 미성년자, 감사원, 저작물
활동/기능(B)	• 개체의 목적 달성을 위한 행위, 활동, 변화, 변동 등	• 행위/활동/역할, 변화/변동 • 법률용어: 불법행위, 교정활동, 감형
특성(C)	• 개체나 행위/활동의 질적 양적 특성 및 성질, 사회적 현상과 상태	• 특성/성질, 심리, 현상/이슈 • 법률용어: 모방범죄, 스토킹
이론/방법(D)	• 이론, 학설, 연구 방법 등 학술적 주제, 제도, 체제	• 이론, 제도/체계, 방법/ 기법/전략 • 법률용어: 신의성실의 원칙, 무죄추정
일반/공통(X)	• 시대나 지명과 같이 다른 범주의 속성이 되는 개념	• 지명, 시대/시간, 관계
인스턴스(Y)	• 개체범주나 기타 범주에 속한 용어의 개별 사례 • 고유명칭을 가진 모든 것	• 인명, 창작물명, 사건명, 법률/제도명 • 현행 법령 인스턴스, 조약 및 협약

기본범주	범주의 개념 설명	중위범주 및 사례
기타(Z)	·설정된 7개 범주에 포함되지 않음	·기타 주제어

특히 STNet 텍사노미의 법률 분야명과 매칭되어 생성되는 클래스의 경우에는 '관련 법령'의 개념 속성을 코드형으로 추가하여 정의함으로써 법률용어가 속해있는 클래스와 '법률/법령명' 클래스(인스턴스) 간에 RT 또는 구체적인 관계 술어를 사용하여 의미적 관계 형성이 가능하도록 구조화하였다.

3.3.3 시맨틱 어휘 구성

LOV에 등록된 법률 분야 시맨틱 어휘(vocabulary)는 Legal, Legal entity, Legal Agent, Legal Body, Legal Case/Cases 등이며 각 시맨틱 어휘마다 관련 클래스와 속성을 정의하고 있다(<표 13> 참조). LOV에 등록된 법률 관련 술어(terms)들의 경우, 대륙법계, 영미법계 등 법률의 체계가 나라마다 상이하고 성문법 혹은 판례 중심으로 나라마다 법체계에 따라 엄밀하게 기술되기 때문에 올바르게 적용하기가 용이하지 않다. 따라서 본 연구에서는 LOV의 법률 관련 시맨틱 어휘와 STNet의 97개 관계 술어를 비교하여 공통으로 정의된 술어들을 중심으로 조사하였고, STNet의 관계 술어 가운데 법률 분야에 많이 적용되는 시맨틱 어휘를 분석하였다(<부록2> STNet 관계 술어 참조).

〈표 13〉 LOV에 등록된 법률 분야 시맨틱 어휘(2019년 10월 기준)

Terms	Legal	Legal entity	Legal Agent	Legal Body	Legal Case	Legal Cases
class(건)	253	1038	595	503	654	546
property(건)	544	2657	1498	1370	855	849

3.3.4 관계형 데이터베이스 구축

STNet 구축 방법을 적용해 법률용어 데이터를 구조화하기 위하여 STNet에서 실험용으로 테스트 버전을 분리하였다. STNet을 모체로 설계된 실험용 DB를 재설계하고, 법률용어 및 법령에 대하여 설정된 텍사노미 구조에 따라 용어를 할당한 다음, 클래스에 대한 개념 속성을 확인하여 그 값을 입력하는 방식으로 법률용어 데이터베이스를 구축하였다. 기본 환경으로는 성균관대 정보관리연구소에서 보유하고 있는 Apache 프로젝트의 HTTP Server를 웹 서비스 서버로 사용했으며, Apache 프로젝트의 Tomcat을 WAS(Web Application Server) 운영 환경으로 하였다. 텍사노미와 개념 속성 구조에 대한 분석을 기반으로 용어 및 그 속성 관련 정보, 관리 정보, 이용자 정보를 관리할 수 있도록 Oracle을 사용하여 관계형 데이터베이스 구축기를 설계하였다.

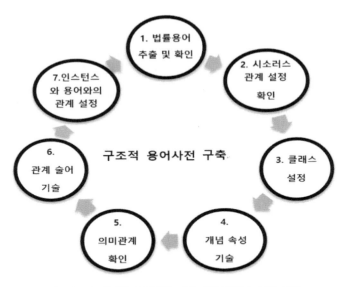

〈그림 16〉 용어의 구조화에 의한 데이터베이스 구축 과정

국회도서관 용어관계사전DB에서 추출한 법률용어 데이터와 현행 법령을 구조적으로 정의하여 데이터베이스를 구축하는 과정은 대체로 '추출된 법률용어 디스크립터 확인 → 시소러스 관계 설정 확인 → 클래스 설정 → 개념 속성 입력 → 의미관계 확인 → 관계 술어 입력 → 법령 인스턴스 및 법률용어와의 관계 설정'의 순서로 진행하였다(<그림 16> 참조). 그러나 용어의 개념은 고정된 것이 아니라 용어 간 관계 추가, 용어 자체의 개념 변화, 새로 생성되는 신규 용어의 추가 및 관계 추가 등에 따라 그 범위와 상태가 계속 변하므로, 전체적인 용어 품질 및 사전의 논리적 일관성을 유지하기 위하여 용어 추출에서 관계 설정에 이르는 일련의 과정을 지속적으로 반복하였다.

3.3.5 온톨로지 변환

3.3.5.1 RDF, RDFs, OWL

관계형 데이터베이스(이하 RDB)에서는 테이블을 모델로 각각의 행과 열이 레코드와 정보 속성을 나타내고, 행렬의 교차점에서 한 개의 데이터를 기술하게 된다. Resource Description Framework(이하 RDF)는 웹 자원에 대한 정보를 명확하게 표현하고 컴퓨터가 처리할 수 있도록 '주어부(subject)–술어부(predicate)–목적어부(object)'의 3요소, 즉 RDF 트리플을 사용하여 데이터의 논리적 관계를 표현함으로써 데이터를 기술한다. 본 연구에서는 RDB 테이블의 행, 열, 교차점이라는 3요소를 RDF 트리플과 매핑시켜 온톨로지 구조를 생성하였다.

온톨로지에서 데이터를 그룹화하는 유형을 클래스라 표현하며, 본 연구에서 구조화된 텍사노미는 온톨로지의 클래스에 대응한다. 따라서 기본범주, 중하위 범주로 구조화된 텍사노미 체계는 RDF 클래스의 계층관계에서 서브클래스를 나타내는 속성 'rdfs:subClassOf'을 사용하여 표현하였다. 용어 간의 의미관계를 연결해 주는 관계 술어는 속성으로 정의하여 변환하였으며, 클래스의 개념 속성으로 입력된 오브젝트(object), 텍스트(text), 코드값(code) 등과 용어 간의 관계명은 온톨로지 속성 'rdf:Property'로 대응하여 변환하였다. OWL에서는 속성을 '공리'로 표현하며 기본적인 속성 공리에는 개체값형 속성클래스 'owl:ObjectProperty'와 개체를 데이터값과 관련시키는 데이터값형 속성클래스 'owl:DatatypeProperty'가 있다. 본 연구에서는 RDFs에 의한 비교적 단순한 기술로부터 나아가 보다 풍부하고 상세한 논리 표현과 추론 기능을 지원하기 위하여 OWL-DL 온톨로지를 사용하였다. 온톨로지 속성 공리 'owl:ObjectProperty'와 'owl:DatatypeProperty'에 따라 유형을 구분하였고, 정의역 'rdfs:Domain'과 치역의 범위 'rdfs:Range' 및 속성의 계층구조 'rdf:subPropertyOf'를 정의하였다.

3.3.5.2 RDF 변환기

본 연구에서는 실험데이터의 RDF 온톨로지 자동 변환을 위해 데이터의 변형이 빈번하고 새로운 데이터의 추가나 데이터 간의 연결 관계가 지속적으로 변화하는 동적인 RDB에 적합한 것으로 평가된 Non-R2RML 방식의 RDF 연결도구인 D2RQ 시스템(http://d2rq.org/)을 사용하였다. Non-R2RML 방식의 D2RQ는 RDF 형태의 그래프 모델로 RDB 데이터의 온톨로지를 생성해 주며, RDF를 위한 질의어인 SPARQL 기반의 질의응답에 대하여 그래프 패턴 매칭 방식으로 질의문을 변환하여 매핑 모델을 반환해 준다. 따라서 본 연구를 위해 STNet을 모체로 설계된 실험용 DB와 같이 법률용어와 법령이 제정 및 개정됨에 따라 추가 입력되거나 용어관계가 지속적으로 설정되어도, 생성되는 RDF 트리플의 최신성을 유지할 수 있다. 또한 D2RQ 시스템은 가상적 변환 방식에 의해 RDF 그래프 매핑 모델을 반환해 주어 별도의 저장 장소가 필요하지 않기에, 본 연구를 위한 실험 환경에 더욱 적합하다. D2RQ 시스템은 D2RQ 매핑언어(http://d2rq.org/d2rq-language)와 D2RQ 엔진, D2RQ 서버로 구성되어 있다. D2RQ 매핑언어는 RDB와 RDFs 및 OWL 온톨로지 사이의 관계를 기술하는 언어로서, 그 자체는 Turtle 구문의 RDF 문서로 작성되며, 매핑이 이뤄지면서 데이터베이스에 포함되는 데이터를 가상의 RDF 그래프로 정의해 주는 방식으로 표현된다.

3.3.6 의미 검색 평가 방법

3.3.6.1 온톨로지 추론 구조 검증

추론이란 이미 알고 있는 명제를 전제로 새로운 명제를 결론으로 얻기 위한 일련의 프로세스를 구성하는 것이다. 온톨로지에서는 결정 가능성에 따라 Description Logic, Horn Logic, Frame Logic 등이 사용된다. 본 연구에서 생성된 온톨로지는 OWL-DL의 형태로 구성되어 있으므로 OWL-DL 기반 추론에 적합한 Description Logic을 사용하였다.

생성된 RDF 트리플에 대한 온톨로지 구조 검증을 위해서는 오픈소스로 구현되는 Pellet 추론기(https://github.com/stardog-union/pellet)를 사용하였다. Pellet 추론기는 온톨로지 구조나 데이터에 문제가 발생할 경우 경고와 함께 수정 대상 객체의 URI와 Report를 출력해 주는 기능이 있다. 또한 클래스 추론, 객체속성 추론, 데이터속성 추론, 예시 추론에 대한 구조적 오류를 검증하는 등 OWL DL 추론을 완벽 지원할 뿐만 아니라, SPARQL을 통한 의미 검색 질의를 지원하는 기능을 한다. 본 연구에서는 Pellet 추론기를 사용하여 클래스와 속성에 대한 기본적인 설정의 오류를 검증하였다.

3.3.6.2 추론 시나리오 생성

온톨로지 구조 검증을 마친 법률용어 데이터베이스는 온톨로지 변환 과정에서 속성 공리에 의하여 추론 기능이 가능한지를 검증하게 된다. 본 연구에서는 추론 기능 검증을 위해 구축된 용어 클래스에 대한 속성별 입력 비율을 산출하여 속성값의 입력 비율이 높은 순으로 추론 시나리오를 구성하고, 각 시나리오의 검색 결과를 확인함으로써 의미 검색 가능성을 검증하였다. 클래스 속성의 입력 비율의 필터링을 위해 'X 용어 클래스의 속성별 입력 비율'을 산출하기 위한 일반적인 계산식은 아래와 같다(<표 14> 참조). 계산식에서 X와 Y는 각각 온톨로지 구조의 특정 클래스에 속하는 용어들을 말한다.

〈표 14〉 클래스 및 속성 필터링을 위한 입력 비율 계산식(고영만 외, 2015)

X 용어 클래스의 속성별 입력 비율 =

$$\frac{\text{X 용어 클래스의 속성값으로 입력된 Y 용어 수}}{\text{구축된 모든 X 용어 클래스의 전체 속성 용어 수}}$$

위의 계산식에 따라 X 클래스 용어로 입력된 데이터 수의 평균값 이상 입력된 Y 클래스를 먼저 선정한 후, 해당 클래스에 '관계/개념 속성(Object)'으로 연결되는 횟수를 다시 계산하여 평균값 이상 연결되는 클래스들을 정렬하였다. 정렬된 클래스 가운데 다시 평균값 이상으로 연결된 클래스만을 단계별로 선정하는 작업을 진행하여, 전체 'X 클래스-관계/개념 속성(Object)-Y 클래스' 종수의 특정 비율 미만 값은 제외하는 방식을 적용하였다.

<표 15>는 실존 인물(y01-01) 클래스를 사례로 해당 클래스와 연결되는 관계 및 개념 속성으로 의미적 관계를 맺는 클래스들에 대하여 특정 비율 미만을 제외하는 필터링 방식의 사례이다.

<표 15>추론 시나리오 생성을 위한 클래스 및 속성 필터링 방법

X 코드 및 클래스	관계/개념 속성	Y 코드	Y 클래스	X-Y 관계 (입력 건수)
y01-01 실존 인물	국적	x01-02	국가명	1810
	국적	y06-02	정부(왕조)명	416
	소속	y06-01	조직/단체명	359
	소속	y06-03	학파/종파명	224
	소속	a01-04-07	성씨	154
	시대	x02-01	시대	3695
	~~이론/사상~~	~~d01-03~~	~~분과학문~~	~~80~~
	이론/사상	d01-01	이론/사상	951
	~~이론/사상~~	~~y06-03~~	~~학파/종파명~~	~~30~~
	~~이론/사상~~	~~d01-04~~	~~개념(정의)~~	~~72~~
	저작	y02-01	문헌명	1538
	저작	Y02	창작물명	111
	~~저작~~	~~y02-06~~	~~문서(보고서)명~~	~~65~~
	저작	y02-02	예술작품명	1464
	~~직업~~	~~a01-05-03~~	~~인간(성향)~~	~~26~~
	직업	a01-06-01	인간(직업)	3905
	직업	a01-06-02	인간(지위/벼슬)	388
	~~직업~~	~~a01-06~~	~~인간(직업/지위/역할)~~	~~47~~
	~~직업~~	~~a01-06-03~~	~~인간(역할)~~	~~94~~
	~~출생지~~	~~y06-02~~	~~정부(왕조)명~~	~~36~~
	출생지	x01-02	국가명	910
	출생지	x01-03	도시/구/동명	1521

※ 가로줄 삭제 표시된 속성 및 클래스는 X-Y 관계 입력 건수가 평균값 이하로서, 필터링 기준 미만에 해당하는 관계 및 속성값은 추론을 위한 검색 시나리오 설정에서 제외됨을 의미한다.

<표 15>의 사례에서 설정될 수 있는 의미관계는 다음과 같다:

1-1. 실존 인물 X(y01-01)는 Y 국(x01-02)의 국적을 가지고 있다.

1-2. 실존 인물 X는 Y라는 단체 혹은 조직(y06-01, y06-03)에 소속되어 있다

1-3. 실존 인물 X는 Y 가문(a01-04-07)에 속해있다.

1-4. 실존 인물 X는 Y 시대(x02-01)에 활동했다.

1-5. 실존 인물 X는 Y라는 이론 및 사상(d01-01)과 관련이 있다.

1-6. 실존 인물 X는 Y라는 창작물(y02-01, Y02, y02-02)을 창작했다.

1-7. 실존 인물 X는 Y라는 직업(a01-06-01, a01-06-02)을 갖는다.

1-8. 실존 인물 X는 Y라는 지역(x01-02, x01-03)에서 출생하였다.

또한 이러한 의미관계를 기초로 클래스를 확장하여 설정되는 시나리오 사례들은 아래와 같다(고영만 외 2015).

1. [시대 x02-01]에 [도시/구/동명 또는 국가 x01-02, x01-03]에서 출생하여 [직업 a01-06-01, a01-06-02]을 가진 [실존 인물 y01-01]

2. [실존 인물 y01-01]은 [시대 x02-01]에 [도시/구/동명 x01-03] 또는 [국가 x01-02]에서 발생한 [사건/회담 y03-01]을 주도하였다.

3. [시대 x02-01]의 [이론/사상 d01-01]에 반대하여 [실존 인물 y01-01]은 [시대 x02-01]에 [이론/사상 d01-01]을 주창하였다.

이와 같이 클래스와 속성을 필터링하여 추론 시나리오를 설정하게 되면, 단순 키워드 검색으로는 결괏값을 도출해 낼 수 없는 의미 검색이 가능하게 되며, 이를 통하여 온톨로지의 추론 기능을 검증할 수 있게 된다.

3.3.6.3 검색 질의문 작성 및 평가

마지막 연구 단계는 추론 기능을 검증하는 절차로서, 설정된 검색 시나리오에 대하여 SPARQL(Simple Protocol and RDF Query Language) 질의를 수행함으로써 의미 검색의 결괏값을 평가하였다. 온톨로지를 위한 질의어인 SPARQL로 작성되는 질의문은 크게 PREFIX와 SELECT 혹은 ASK 등의 질의문, WHERE절로 구성되는데, PREFIX에서는 데이터셋을 지정하고, WHERE절에서는 쿼리 조건을 작성한다. 질의문은 변수의 존재 여부에 따라 SELECT 타입 또는 ASK 타입 등으로 분류되며, 본 연구에서는 변수를 포함하는 SELECT 타입 질의문으로 작성하였다.

<표 16>은 의미 검색을 위하여 선행 연구에서 STNet의 '실존 인물'에 대해 작성한 추론 시나리오를 SPARQL 질의문으로 변환한 것이다(고영만 외 2015).

〈표 16〉 추론 시나리오 1에 대한 SPARQL 질의문

시나리오 1: [시대 x02-01]에 [도시/구/동명 또는 국가x01-02, x01-03]에서 출생하여 [직업 a01-06-01, a01-06-02]을 가진 [실존 인물 y01-01]

PREFIX rdf: <http://www.w3.org/1999/02/22-rdf-syntax-ns#>
PREFIX rdfs: <http://www.w3.org/2000/01/rdf-schema#>
PREFIX : <http://www.stnet.re.kr/ontology#>

SELECT ?Era ?BirthPlace ?Nationality ?Job ?RealPerson
WHERE {
    ?RealPerson rdf:type: y01-01_RealPerson.
    ?Era rdf:type :x02-01_Era.
    ?BirthPlace rdf:type :x01-03_NameOfCity_Town_State_Street_Avenue.
    ?Nationality rdf:type :x01-02_CountryName.
    ?Job rdf:type :a01-06-01_Human_Job.
    ?RealPerson :hasEra ?Era.
    ?RealPerson :hasBirthPlace ?BirthPlace.
    ?RealPerson :hasNationality ?Nationality.
    ?RealPerson :hasJob ?Job
}

SPARQL 쿼리를 수행하여 의미 검색 결괏값을 평가하기 위해서는, 추론 시나리오와 SPARQL 질의문에 오류가 없는지를 먼저 확인한 다음, 유효한 데이터가 결괏값으로 산출되는지를 확인한다. 의미 검색 결과, 용어 기반 검색으로도 검색 가능한 데이터는 제외하게 되며, 데이터의 입력 규모가 작을 경우 의미 검색으로 산출되는 결괏값은 제한적이다. 본 연구에서는 추론 시나리오에 대하여 유효한 데이터가 산출될 경우, 온톨로지 변환에 의하여 의미 검색이 검증되는 것으로 간주하였다.

아래 <그림 17>은 추론 시나리오 1에 대한 SPARQL 질의문에 의하여 생성되는 온톨로지 구조와 SPARQL 쿼리 결괏값이다(고영만 외 2015).

1. [시대 x02-01]에 [도시/구/동명 또는 국가 x01-02, x01-03]에서 출생하여 [직업 a01-06-01, a01-06-02]을 가진 [실존 인물 y01-01]

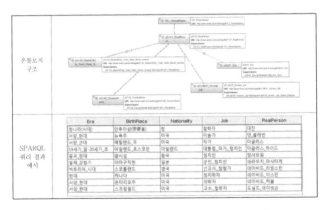

〈그림 17〉 추론 시나리오 1의 온톨로지 구조와
SPARQL 쿼리 결과(고영만 외 2015)

추론 시나리오 1의 SPARQL 쿼리 결과는 클래스와 속성을 조합하여 해석하게 되는데, '[시대-일제시대]에 [국가-일본, 도시-야마구치현]에서 출생한 [직업-군인이자 정치인]은 [실존 인물-마사타케 데라우치]' 등 다양한 의미 검색 결괏값이 산출되었음을 보여준다.

제4장

구조적 정의 기반
용어데이터베이스 구축

4.1 용어 추출 및 현행 법령 수집

본 연구는 기구축되어 있는 시소러스를 온톨로지 구조로 변환하여, 용어 검색 수준에 머물러 있는 시소러스를 의미 검색이 실현될 수 있는 구조로 재설계하기 위한 것이다. 이를 위해 국회도서관의 용어관계사전DB에서 법률용어 디스크립터를 추출하였고, 법률용어와 더불어 개별 법령(instance)과의 의미적 연결 관계를 설정함으로써 법령정보 온톨로지로 발전시키기 위해 법제처에서 제공하는 대한민국 현행 법령을 수집하였다.

국회도서관 용어관계사전DB 유지관리사업 완료 보고서에 따르면, 전체 수록 용어에 대한 디스크립터(USE)가 9만 건, 비디스크립터(UF)는 5만 건으로 총 14만 건의 용어 데이터가 용어관계사전DB에 등재되어 있으며(국회도서관 2018), 실험을 위한 추출 대상 데이터인 '법' 분야의 용어가 14%를 차지하고 있다(<표 17> 참조).

〈표 17〉 국회도서관 용어관계사전DB 용어 구축 현황(대분류)

(단위: 천 건 및 %)

대분류	경영경제	사회과학	법	행정	기술응용과학	의학생명과학	정치	자연과학	역사지리	농해수/식품	문화예술체육	인문학	기관인명
디스크립터	15	14	13	9	7	7	7	7	4	2	2	2	1
비디스크립터	8	7	6	4	6	5	2	4	2	1	1	1	1
합계 (%)	15.7	15	14	9	9	8.8	8.3	7	4.6	2.3	2.2	2	1.8

　국회도서관 시소러스에서 법률 분야 디스크립터와 용어관계 데이터를 수집하기 위하여 정보공개청구제도를 활용하였다. 정보공개청구제도는「공공기관의 정보공개에 관한 법률」에 따라 공공기관이 직무상 작성 또는 취득하여 관리하고 있는 정보를 국민에게 공개함으로써 모든 국민의 알 권리를 보장하고 국정 운영의 투명성을 확보하기 위해 도입된 제도이다. 국회정보공개규칙에 의거하여 정보공개 청구절차에 따라 법률용어 데이터를 요청하였고(<그림 18> 참조), 공개결정 통지문과 함께 국회도서관 용어관계사전DB에서 추출한 법률용어 디스크립터의 용어 정보(한자 및 외국어 표기)와 계층 및 연관관계를 설정한 데이터셋을 확보하였다.

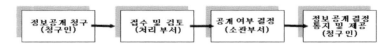

〈그림 18〉 공공데이터 활용을 위한 정보공개 청구 처리 절차

　법률용어 디스크립터들은 데이터 처리 효율성을 위해 7개의 전자파일 형태로 구분되어 추출되었으며(<표 18> 참조), 법률용어 디

스크립터 12,203건에 대하여 설정된 동의어 관계 5,438건, 계층관계의 상위어 9,654건 및 하위어 10,574건, 연관관계 30,405건을 포함하여 추출된 용어 수는 총 68,274건이다.

〈표 18〉 국회도서관 용어관계사전 추출 법률 디스크립터 및 용어 현황

구분	용어 배열	디스크립터	비디스크립터	상위어	하위어	연관관계
파일1	10.17 비상조치-국경봉쇄	2,000	951	1,509	2,189	5,545
파일2	국경분쟁-무면허거래	2,000	1,073	1,613	1,595	5,773
파일3	무면허운전-상원의원	2,000	852	1,583	1,745	4,891
파일4	상위규범-의결권	2,000	880	1,539	1,487	5,048
파일5	의결기관-증인	2,000	800	1,585	1,665	4,597
파일6	증인소환-화물운송	2,000	804	1,665	1,761	4,064
파일7	화물운송업-경찰수사	203	78	160	132	487
합계	총 68,274	12,203	5,438	9,654	10,574	30,405

<표 19>는 추출된 법률용어 디스크립터와 용어관계를 가나다순으로 배열한 것으로, '10.17비상조치', '10월혁명'처럼 명사나 복합명사로 이뤄진 디스크립터가 대부분이다. 그러나 법률용어 디스크립터 가운데는 '10.27법난법'처럼 법률의 공식 명칭이나 약칭을 디스크립터로 설정한 용어와 용어관계도 상당수 포함되어 있다.

〈표 19〉 국회도서관 용어관계사전DB에서 추출된 법률용어 디스크립터 및 용어관계(일부)

순번	용어	관계	관계용어	SN
1	10.17비상조치 [10.17非常措置]	BT RT RT	긴급조치[緊急措置] 10월유신[10月維新] 국가긴급권[國家緊急權]	1972년 10월 17일 대통령 박정희가 장기집권을 목적으로 단행한 초헌법적 비상조치
2	10.27법난법 [10.27法難法]	UF	10.27법난피해자명예회복법 [10.27法難被害者名譽回復法]	

순번	용어	관계	관계용어	SN
2	10.27법난법 [10.27法難法]	UF	10.27법난피해자의명예회복 등에관한법률 [10·27法難被害者의名譽回 復等에關한法律]	
		RT	신군부[新軍部]	
		RT	종교탄압[宗敎彈壓]	
		RT	불교단체[佛敎團體]	
		RT	법난[法難]	
3	10월혁명[10月革命]	UF	러시아10월혁명 [러시아10月革命]	1917년 10월 러시아에 서 발생한 프롤레타리 아혁명
		UF	11월혁명[11月革命]	
		BT	러시아혁명[러시아革命]	
		RT	12월테제[12月테제]	
		RT	4월테제[4月테제]	
		ENG	October revolution	
4	112순찰[112巡察]	BT	방범[防犯]	
		ENG	112 patrol	

기존의 시소러스를 활용한 온톨로지 구축 논의에서는 용어 간 계층관계와 의미관계가 주요 범위로 설정되는데, 국가기관에서 제공하는 각종 법률정보시스템에서는 법률용어와 더불어 법령과 판례가 법률 도메인의 중심으로 나타난다. 특히 법령정보 온톨로지 구축을 위해서는, 법령과 판례는 법령의 위계에 따라 계층적 텍사노미가 이미 형성되어 있으므로, 법률용어와 법령 인스턴스들에 대하여 클래스와 속성을 정의하고 이들 간의 의미적 연관관계가 어떻게 형성되는지를 동시에 고려해야 한다. 따라서 국회도서관 시소러스에서 추출한 법률용어 디스크립터와 함께 법령 인스턴스들을 망라하여 수집할 필요가 있다. 우리나라 모든 법령에 대한 보급과 발간을 주관하는 법제처의 국가법령정보센터(www.law.go.kr)를 통해서 2019

년 7월 기준, 현행 법령 4,990건(조약 1,996건 별도)을 분야별로 구분하여 파일로 내려받아 수집하였다(<표 20> 참조).

〈표 20〉 법제처 국가법령정보센터 현행 법령 수집 현황

구분기호	분야명	법령(건)	구분기호	분야명	법령(건)	구분기호	분야명	법령(건)
00	공통	-	16	교육 학술	293	32	잔기가스	50
01	헌법	93	17	문화 공보	169	33	국토개발도시	94
02	국회	46	18	과학 기술	136	34	주택간축도로	93
03	선거 정당	54	19	재정경제일반	182	35	수자원토지건설업	120
04	행정일반	129	20	내국세	67	36	보건의사	213
05	국가공무원	67	21	관세	50	37	약사	31
06	법원	107	22	담배 인삼	8	38	사회복지	198
07	법무	112	23	통화국채금융	124	39	환경	206
08	민사법	195	24	농업	172	40	노동	115
09	형사법	140	25	축산	59	41	육운항공관광	151
10	지방제도	181	26	산림	65	42	해운	170
11	경찰	65	27	수산	84	43	정보통신	85
12	민방위 소방	93	28	상업무역공업	184	44	외무	77
13	군사	233	29	공업규격계량	23	45	(조약)	1,996
14	병무	20	30	공업소유권	36	법령 총 4,990건(조약 별도)		
15	국가보훈	51	31	에너지아용광업	52			

4.2 텍사노미 분석

국회도서관 용어관계사전DB에서 추출한 법률용어 디스크립터와 법제처에서 수집한 현행 법령에 대하여 개념범주를 체계화하기 위하여, 시소러스의 패싯 체계와 입법부, 사법부, 행정부 등 국가기관에서 구축한 법률정보시스템의 분류체계를 비교 분석하였다. 이를 바

탕으로 법령과 법률 문헌, 관련 판례 등 법령 도메인의 관련 정보를
통합적으로 수용할 수 있는 법령정보 텍사노미 구조를 도출하였고,
학문 전 분야를 포괄할 수 있도록 개발된 구조적 용어사전 STNet을
적용하여 법령정보 온톨로지를 위한 텍사노미 구조를 설계하였다.

4.2.1 국가기관 법령정보시스템의 텍사노미 구조

입법부와 사법부, 행정부를 대표하는 5개 국가기관 공식 웹사이
트에서 법령정보 텍사노미 구조를 조사한 결과, 법령과 판례는 법
제처에서 편성한 '분야별' 구분을 공통으로 적용하고 있다. 그러나
법률 문헌을 검색 대상으로 하는 법률용어의 경우, 용어 색인 또는
용어 정의 사전으로 편성되거나 별도의 텍사노미로 구조화되고 있
다(<표 21> 참조).

〈표 21〉 법령, 판례, 용어의 텍사노미 구조

구분	분류체계
법령	입법부: **분야별**, 부처별, 사전식, 기타(별표/서식, 인용 참조 조문) 사법부: **분야별**, 부처별, 사전식, 법 구분별(위계), 삼단비교(법/시행령/시행규칙) 행정부: **분야별**, 부처별, 법 구분별(위계)
판례	입법부: **분야별**, 법원별, 사전식 사법부: **분야별**, 사전식(가나다별), 사건별, 법률용어별 행정부: **분야별**, 부처별(헌재결정례, 법령해석례, 행정심판례 포함)
용어	입법부: 법률 문헌 및 자료 대상 별도의 분류체계, 시소러스 사법부: 법률 문헌 및 자료 대상 별도의 분류체계, 법령시소러스, 법률용어색인 행정부: 법령에서 추출한 용어사전 및 법령정의사전

기관별 세부 내용을 살펴보면, 입법부의 '국회법률정보시스템'에
서 제공하는 법률정보는 법령과 판례, 입법 관련 자료 등이며 검색
을 위하여 현행 법률, 최근 제정·개정 법률, 폐지 법률, 판례, 법률

관련 정보, 입법과정 개관 등으로 구분하여 제공한다. 현행 법률은 법제처의 분류체계를 기본으로 사전식, 분야별, 부처별, 별표 서식, 인용 참조 조문 검색으로 설계되어 있다. 국회도서관에서 법률정보 포털시스템으로 개발한 '국회법률도서관'에서는 법령과 판례, 외국 법률 및 번역 법률, 법률 문헌과 국내외 입법 관련 분석자료, 국회 회의록 등을 제공하고 있다. 법령과 판례의 경우 법제처 국가법령 정보센터와 연계하여 통일성을 유지하며, 외국 법률 및 번역 법률 의 경우에도 법제처의 분야별(44편) 분류체계를 적용하고 있다. 그러나 법률 문헌에 대해서는 텍사노미를 별도로 설계하여 적용하고 있다.

사법부에서는 '대한민국법원 종합법률정보시스템'을 통해서 판례 와 법령, 문헌, 규칙/예규/선례를 통합 검색으로 제공하며, 각각의 콘텐츠에 대하여 단순 및 상세 검색, 텍사노미 구조로 설계된 디렉 토리 검색을 제공한다. 특히 판례와 법령에 대한 텍사노미는 법제 처의 『대한민국현행법령집』의 분야별(44편) 구분으로 분류하고 있 으며, 법령 위계에 따른 법 구분별, 소관 부처별 등으로 구조화하고 있다. '법원도서관(https://library.scourt.go.kr)'은 판례판결 정보, 문 헌 및 발간자료, 학술정보 등을 제공하며, 제공하는 모든 콘텐츠에 대하여 통합 검색과 디렉토리 검색을 제공한다. 국회법률도서관의 주제 분류와 마찬가지로 법률 문헌에 대해서는 텍사노미를 별도로 가지고 있다.

법제처는 행정 각부의 입법 활동을 범정부적이고 종합적인 관점 에서 총괄하고 조정, 지원하는 업무를 담당하고 있으며, 법령의 보 급과 발간을 주관하며 법령정보를 관리하는 주무 부서이다. 『대한

민국현행법령집』에 대한 전자법령집의 성격을 갖는 법제처의 '국가법령정보센터(http://www.law.go.kr/)'는 현행 법률, 자치법규, 행정규칙, 판례, 헌재결정례, 법령해석례 및 조약 등 모든 법령을 총괄하여 제공하고 있으며, 각각의 법령에 대하여 소관 부처별, 법 분야별(44편) 구분으로 텍사노미를 구조화하고 있다. 입법부와 사법부에서는 법령과 판례 중심으로 시스템을 설계하고 있는데, 법제처에서는 이에 더하여 자치법규, 헌법재판소 판례, 법령해석례, 조약을 망라하여 제공하는 대신, 관련 문헌과 자료들은 거의 제공하지 않는다. 그러나 각종 법령에서 정의된 법령용어 약 67,000여 건을 관련 법령 및 법령상 용어 정의, 외국어 대역어, 생활용어로 해석하여 사전식으로 검색할 수 있도록 제공하고 있다.

4.2.2 법률용어 주제 분류 분석 및 텍사노미 재설계

일반적으로 도서관의 검색시스템은 키워드, 즉 용어를 접근점으로 설계되어 왔으나, 법령 관련 정보시스템들은 법령을 중심으로 설계되어 법률용어와 법률 인스턴스에 대한 텍사노미가 분리되어 나타나고 있다. 그렇기에 국회도서관과 법원도서관에서는 법률명과 용어 및 주제 검색이라는 두 개의 접근점을 동시에 제공하고 있다. 특히 법률명의 경우에는 다른 기관과 마찬가지로 '분야별' 텍사노미로 구조화되어 있으나, 법률용어에 대해서는 별도의 주제 분류체계를 적용하고 있다. 법령정보 온톨로지 구축의 관점에서 법률용어와 법령 인스턴스는 하나의 텍사노미 체계에 수용되어야 하며, 법률 문헌만을 대상으로 별도로 설계된 법률용어의 텍사노미는 새롭게 구조화되어야 할 필요성이 크다.

국회법률도서관의 주제 분류를 위한 텍사노미 구조를 분석해 보면(<표 22> 참조), 대주제로 설정된 25개 범주는 개별 법률(헌법, 행정법, 민법, 민사소송법, 상법, 형법, 형사소송법)과 분야별 법률(비교법/외국법, 북한법/통일법, 교육/문화/보건법 등) 및 이론(법 일반, 기초법학), 제도(법조/사법제도), 정책(형사정책) 등으로 구분된다. 특히 대주제로 구분된 헌법, 행정법, 민법, 상법 등은 주제 범주를 나타내기도 하지만 온톨로지 관점에서는 개별 법률을 나타내는 법률 인스턴스로 보는 것이 일반적이다.

〈표 22〉 국회법률도서관 주제 분류를 위한 텍사노미(대주제)

| 대 주 제 (25) | 분야별 법률(21) | 비교법/외국법, 헌법, 북한법/통일법, 행정법, 교육/문화/보건법, 민법/민사특별법, 상법, 민사소송법, 형법, 형사소송법, 노동법/사회보장법, 환경법, 세법, 경제법, 산업관계법, 금융관계법, 지식재산권법, 정보/통신/과학기술방송과 법, 국제법, 국제사법, 국제경제/거래법 |
| | 기타(4) | 법 일반, 기초법학, 법조/사법제도, 형사정책 |

국회법률도서관의 주제 검색을 위한 분류체계 일부를 전개해 보면(<표 23> 참조), 대주제 헌법의 경우 헌법의 각 장절을 구성하는 내용으로 중주제, 소주제를 구조화하여 계층관계를 전개하고 있다.

〈표 23〉 국회법률도서관 주제 검색을 위한 분류체계(대주제-헌법편 일부)

	중주제	소주제
대주제 헌법	헌법일반	헌법일반 / 헌법의개념,구조,특질 / 헌법이론 / 헌법현실 / 헌법과정치,헌법과사회 / 판례일반 / 헌법학계동향 / 헌법해석론 / 헌법정책론 / 헌법사상사 / 한국헌법사 / 외국헌법 / 기타
	국가, 주권, 국가형태	국가, 국가론 / 주권, 국민주권 / 국민대표제 / 국가형태 / 헌법제정, 개정권력 / 헌법제정론 / 국가긴급권론 / 경제헌법
	헌법개정,	헌법개정(개헌논의) / 헌법변천 / 헌법보장/ 저항권, 혁명 /

	변천, 보장	기타
대주제 **헌법**	헌법의 기본원리, 제도, 질서	헌법의 기본원리 / 사회국가, 복지국가 / 법의지배, 복지국가 / 민주주의, 민주정치 / 민주적기본질서 / 경제실서 / 국제질서 / 공무원제도 / 지방자치제도 / 가족제도 / 입헌주의 / 적법절차 의 원리
	헌법의효력범위	
	국민의지위, 외국인, 소수민족	
	기본권총론	기본권일반 / 제도적 보장 / 기본권의 효력 / 기본권의 한계 와 제한/ 기본권의 침해와 구제 / 기본권 충돌 / 기본권 보호
	인간의 존엄성 존중, 행복추구권, 법 앞의 평등	인간으로서의 존엄과 가치, 행복추구권 / 평등권
	자유권적기본권	자유권일반 / 신체의 자유 / 거주이전의 자유 / 직업선택의 자유 / 주거의자유 / 프라이버시권리 / 통신의 자유 / 양심의 자유, 종 교의 자유 / 표현의 자유/ 언론방송법제 / 언론출판의 자유 / 알 권리 / 접근권 및 반론권 / 집회결사의 자유 / 학문예술의 자유 / 재산권의보장 / 소비자의권리
	사회적기본권	사회적기본권일반 / 사회보장수급권 / 인간다운생활권 / 교육 받을 권리, 교육권 / 근로의 권리, 노동삼권 / 환경권/보건권
	청구권적기본권	청구권적기본권일반 / 청원권 / 재판청구권 / 형사보상청구권 / 국가배상청구권, 손실보상청구권 / 범죄피해자구조청구권 정 치적자유권 / 참여권
	국민의 기본 의무	
	정치제도론	**정치제도론일반 / 권력분립 / 정부형태 / 정치제도 상호간의 관계 / 대의제도 / 정치제도사**
	정당, 이익단체	정당제도 / 정치자금 / 이익단체
	선거제도	선거제도일반 / 국민투표 / 선거관리위원회
	국회	입법의의의 / 입법권의 범위와 한계 / 입법과정 / 의회제도, 의회정치일반 / 의회주의원리 / 국회법 / 국회의 기관 / 국회 의 지위, 권한 / 재정에 관한 권한 / 국회의대행정부통제 / 국 정조사권, 국정감사권 / 조약, 대외 정책에 관한 권한 / 국회 의 자율권 / 국회의원의 지위 / 의회의구성과조직 / 의회통제 론 / 비교의회론

이 경우, 문헌을 바탕으로 체계화한 법률용어의 텍사노미 구조는 헌법(대주제) → 정치제도론(중주제) → 대의제도(소주제)라는 형식으로 텍사노미를 전개한 것이 되어 계층관계의 포괄 범위에 혼란을

주게 된다(<그림 19> 참조).

현행	헌법(대주제) - 정치제도론(중주제) - 대의제도(소주제)
	법령(대주제) - 이론(중주제) - 제도(소주제)
수정	헌법<클래스:인스턴스> hasComponent<관계> 정치제도론<클래스:이론>
	우리나라헌법<클래스:지명∩인스턴스> applies<관계> 대의제도<클래스:제도>

〈그림 19〉 법률 주제 분야 텍사노미 재설계의 필요성

또한 데이터의 구조화의 관점에서, 개별 법률 인스턴스들은 법령의 위계, 즉 헌법-법률-명령-조례/규칙 등 법령의 계층적 질서가 아닌 경우와는 하위범주를 형성하지 않는다. 법률용어에 대한 텍사노미로 구조화된 개념들은 개념 간 계층관계를 이룬다기보다 동등하거나 혹은 다른 개념범주 클래스에 속하면서 의미적으로 연결되는 관계를 맺는 것으로 보는 것이 자연스럽다. 온톨로지 관점에서 텍사노미를 재설계한다면 헌법, 정치제도론, 대의제도를 각각 인스턴스와 이론, 제도라는 별개의 클래스로 즉 개념범주를 수평적으로 설정하고, 관계 술어를 통해서 개념 간의 관계를 설명한다면 보다 자연스러울 것이다.

본 연구에서는 기존 지식체계를 토대로 학문 전반에 실제 활용할 수 있는 개념범주 텍사노미로 개발된 STNet의 텍사노미를 적용하여 법률용어 디스크립터를 구조화하였다(고영만, 김비연, 민혜령 2014). STNet의 텍사노미는 KCI에 수록된 논문의 저자 키워드를 기반으로 설계되었기에 법률 문헌의 제목, 키워드, 목차 등에서 추출된 법률용어 디스크립터와 중복되는 부분이 상당하며, 의미 검색

실험을 위해서 다른 범주의 속성으로 사용되는 시대, 지명, 공간 등 STNet의 일반/공통 범주의 용어들을 활용할 수 있는 이점이 있기 때문이다. 따라서 국회도서관 시소러스와 법률도서관의 분류체계로 범주화된 법률용어 디스크립터들은 STNet의 텍사노미의 기본범주인 개체, 활동/기능, 특성, 이론/방법, 형식/틀, 일반/공통, 인스턴스로 구조화하여 적용하였다.

4.2.3 법령정보 온톨로지를 위한 텍사노미 구조화

법령정보 온톨로지 개발을 위하여 법령과 판례, 법률용어를 통합적으로 수용할 수 있도록 국가법령정보센터의 '분야별' 구분과 STNet의 개념범주 텍사노미 구조를 통합적으로 분석하여, 공통의 텍사노미 구조를 도출하였다. 법은 인간의 사회생활 보장을 위한 질서 규범으로서 모든 생활과 행위를 규율 대상으로 하며, 이념적 실재적으로 정치, 경제, 역사, 사회문화, 종교, 윤리 등을 바탕으로 한다. 법률의 이러한 본질은 학문 전 분야를 포괄하는 STNet의 텍사노미 구조에 법률 도메인의 '분야명' 텍사노미를 매칭시킬 수 있는 근거가 되기도 한다.

국회와 국회도서관, 대법원과 법원도서관, 법제처에서 제공하는 법률정보시스템을 분석한 결과, 법령과 판례는 법령의 위계에 따라 본래적으로 계층구조를 형성하고 있으며, 법령과 판례의 의미적 관계는 '분야별'(총 44편/조약 포함 45편, 편(編), 장(章), 절(節), 관(款) 편성) 텍사노미를 통하여 공통으로 구조화됨을 확인하였다. 따라서 법령정보 온톨로지를 위한 텍사노미는 법령을 중심으로 도메인에서 공통으로 채택하고 있는 분야별 텍사노미 총 44편 215장

(<부록3> 대한민국현행법령의 분야별 분류체계 참조)의 구분을 STNet의 텍사노미 구조에 대응하여, 법률용어를 통합적으로 수용할 수 있도록 매칭함으로써 설계될 수 있다. <표 24>는 법령에 대한 분야별 분류체계의 일부이다.

〈표 24〉 법령의 분야별 분류체계(총 44편 215장 중 일부)

제1편 헌법	제1장 헌법전	
	제2장 국가·국민	제1절 국토·통일
		제2절 국호·국기·연호 등
		제3절 국민
		제4절 상훈·전례·국경일
	제3장 헌법재판소	
제2편 국회	제1장 국회·국회의원	
	제2장 국회사무처	제1절 조직·운영
		제2절 인사·복무
		제3절 문서·서무·재무 등
	제3장 국회도서관	
	제4장 국회예산정책처	
	제5장 국회입법조사처	
제3편 선거·정당	제1장 선거관리위원회	
	제2장 선거·국민투표	
	제3장 정당·정치자금	

STNet은 KCI에 등재된 학술논문의 저자 키워드를 대상으로 기존의 분류 이론과 선행 연구에서 개발된 지식체계를 종합하여 텍사노미를 구조화하였으며, 최상위 범주로 개체, 활동/기능, 특성, 이론/방법, 형식/틀, 일반/공통, 인스턴스의 7개 기본범주를 설정하고 중위범주(27개 항목) 하위범주(1단계 115개, 2단계 28개 항목) 등을 포함한 개념범주 체계를 갖고 있다. 법률의 분야명 구분 44편 215장

을 STNet의 텍사노미에 매칭한 결과, STNet의 7개 기본범주 및 27 개 중위범주에서 거의 대부분이 수용되며 매칭이 가능한 것으로 나타났다. 또한 제1편 헌법편에 편성된 제2장 국가·국민, 제3절 국민의 경우처럼, 법령의 분야명 구분에서 '절'까지 세분화되어야 하는 경우에는, STNet의 개념범주 체계에서도 세분화될 수 있으며, 개체범주A(01)-인간(04)-국민(02)처럼 하위 1단계 구분에서 매칭이 가능했다. <표 25>에서 STNet의 개념범주 텍사노미에 대한 법령의 분야명 44편 215장 구분의 매칭 결과를 요약하였다.

〈표 25〉 STNet 텍사노미와 법령의 분야명 매칭 현황

STNet 기본범주	법령의 분야명과 매칭되는 STNet 중위범주	매칭(건)
개체(A)	A01 인간: a01-04-02(국민), a01-06(직업/지위/역할)	18
	A02 기관/조직: a02-01(행정/공공기관), A02-02(교육기관)	46
	A03 자연물: a03-03(광물)	7
	A04 인공물: a04-06(도구/수단), a04-07(건축/시설물),	19
	a04-08(교통/수단), a04-09(저작물/정보)	**소계 90**
활동/기능(B)	B01 행위/활동/역할: b01-01(행위/활동), b01-02(교육활동),	**58**
	b01-03(경제/산업 활동), b02(변화/변동)	
특성(C)	C01 특성/성질: c01-04(능력/힘/에너지), c01-06(환경),	9
	C02 심리: c02-02(인식/의식)	1
	C03 현상/이슈: c03-03(문화/생활), c03-04(경제/경영/무역),	10
	c03-05(정치/국제)	
이론/방법(D)	D02 제도/체제: d02-01(사회제도), d02-02(정치/법률제도),	15
	d02-03(경제/경영제도)	
	D03-03(측정/척도), D04-04(전략/전술)	3
형식/틀(E)	E01(형식/유형/양식/장르), E02(모형/기준), E04(공간)	13
일반/공통(X)	X03(관계/상호작용)	3
인스턴스(Y)	Y05-01(법률/제도명), Y05-02(조약/협약)	14(2)

법령정보를 위한 '분야명' 텍사노미를 STNet의 기본범주 및 중

위범주, 하위범주로 매칭시킬 때, 기본범주 '이론/방법(D)'의 정치/법률제도나 '인스턴스(Y)'의 법률/제도명의 하위범주로 제한하지 않아야 한다. 매칭 현황에 나타나듯이 법령은 기본범주 개체(A)와 활동/기능(B)에 절반 이상이 분포되어 나타나는데, 법령에서 규율하는 대상은 앞서 지적한 바와 같이 개체이거나 활동일 수 있고, 특성과 제도, 형식과 공간, 지역과 시대 등 모든 범주에 해당하며, 법률제도나 법령 자체만을 의미하지 않기 때문이다. <표 26>에서 법령의 분야명 구분(편/장/절 포함)에 대하여 매칭되는 STNet의 개념범주들을 할당하여 정리하였다.

〈표 26〉 법령의 분야명 구분에 대한 STNet 개념범주 매칭 결과

구분	분야명 구분	STNet 개념범주	구분	분야명 구분	STNet 개념범주
00	공통	-	23	통화 국채 금융	A02-01 B01-03
01	헌법	A02-01 A01-04-02 E04 E02-06 E01-01 Y05-01	24	농업	A02-01 B01-03 E04
02	국회	A02-01	25	축산	A02-01 B01-03
03	선거 정당	A02-01 D02-02	26	산림	A02-01 A03
04	행정일반	A02-01 A04-06 B01	27	수산	A02-01 A03 B01-03 C01-06
05	국가공무원	A01-06	28	상업 무역 공업	A02-01 A02-03 B01-03 C03-04
06	법원	A02-01 A01-06 B01-01	29	공업규격 계량	A02-01 E02 E02-04 C03-03
07	법무	A02-01 A01-06 B01-01 D02-02	30	공업소유권	A02-01 A04-09
08	민사법	Y05-01	31	에너지이용 광업	A02-01 A03-03 C01-04
09	형사법	Y05-01	32	전기가스	A02-01 C01-04
10	지방제도	A02-01 A01-06 B01-03 D02-02	33	국토개발 도시	A02-01 E04
11	경찰	A02-01 A01-06 B01-01 D02-02	34	주택 건축 도로	A02-01 A04-07 A04-08

구분	분야명 구분	STNet 개념범주	구분	분야명 구분	STNet 개념범주
12	민방위 소방	A02-01 A01-06 B01-01 X03	35	수자원토지건설업	A02-01 A03 B01-03 E04
13	군사	A02-01 A01-06 A04-06 A04-07 B01-01 C01-04 D04-04	36	보건 의사	A02-01 D02-01
14	병무	A02-01 B01-01 D4-04	37	약사	A02-01 A01-06 C03-03
15	국가보훈	A02-01 E02-03	38	사회복지	A02-01C02-02D02-02
16	교육 학술	A02-02 B01-02	39	환경	A02-01 C01-06
17	문화 공보	A02-01 A02-04 A04 A04-09 D01-04 E01	40	노동	A02-01 B01-03D02-01
18	과학 기술	A02-01 B02 C03 C01-04	41	육운 항공 관광	A02-01 A04-08
18	과학 기술	A02-01 B02 C03 C01-04	41	육운 항공 관광	C03-03 C03-04
19	재정경제일반	A02-01 A04 A01-06 B01-03	42	해운	A02-01 A01-06 A04-07 A04-08 B01-03 C03-04 X03-06
20	내국세	A02-01 B01-03	43	정보통신	A02-01 D02-03 E02-04 E02-05 E02-05
21	관세	A02-01 B01-03	44	외무	A01-04-06 A01-06 A02-01 C03-05
22	담배 인삼	A02-01 A03	45	(조약)	Y05-02

4.3 시맨틱 어휘 적용

법률용어와 법령 및 판례 등을 수용할 수 있도록 STNet의 개념 범주 텍사노미와 법령의 '분야명' 분류체계를 통합하여 본 연구를 위한 텍사노미를 재설계하였고, 이를 토대로 법령정보 온톨로지를 위한 클래스를 정의하였다. 다음 단계에서는 동일 클래스 내에 있는 엔터티와의 관계인 개념 속성과 복수의 클래스에 속해있는 엔터 티들의 의미관계를 표현해 주는 관계 속성을 기술하기 위하여 시맨 틱 어휘를 구성하였다. 앞서 클래스와 속성 정의를 위해서 법률/법령 클래스에 대한 개념 속성을 법제처 국가법령정보센터에서 제공하는 법령명의 메타데이터 속성인 분야명, 법령 종류, 공포 번호, 공포일/시행일, 제정/개정 구분, 법령에 대한 소관 부처, 관련 판례, 법령명 약칭, 이전/이후 법령명 등으로 정의한 바 있다. 또한 각기 다른 클래스에 속한 법률용어 간의 관계 유형 상세화를 위해서는 의미관계 표현이 풍부하고 다양하게 정의된 STNet의 97개(52set) 관계 술어를 기본으로 적용하였다.

본 연구의 시맨틱 어휘를 구성하기 위하여 법령명 클래스에서 정의한 개념 속성과 STNet에서 적용된 관계 술어를 명세화하여 LOV에 등록된 술어들과 비교하였고, 동일 속성을 표현하는 술어가 등재되어 있는지 확인하였다. LOV에서 법률 관련(Legal) 속성으로 구분된 시맨틱 어휘는 약 8,103건, 클래스는 3,716건으로 나타난다. LOV에서 법률 관련(Legal) 속성으로 정의된 술어에서 추출된 속성들의 사례를 살펴보면(<표 27> 참조), 각 속성은 법률적 의미관계에 대한 정확한 분석을 토대로 표현되어야 하고, 법률 관련 속성으로 유형화하기 위한 논리적 기준을 세우기가 어렵다. 통상적인 기준으로는 적용 횟수와 사용 언어, 부가 설명, 주기 사항을 참고하여 술어를 선택하게 된다. <표 27>의 사례에서 맨 앞에 표기된 접두어는 시맨틱 어휘를 등록한 주관 기관이며, 데이터의 재활용과 상호운용성을 위하여 dbpeadia, dcterms, frbr 등이 주도적으로 참여하고 있다.

또한 juso.kr(South Korea Extension to Juso Ontology), bibo(Bibliographic Ontology) md(OWL representation of ISO 19115, Geographic Information Metadata), rov(유럽의 법

률 관련 시맨틱 어휘 주관기관), gdprt(GDPRtEXT; Open science의 General Data Protection Regulation) 등도 시맨틱 어휘체계를 등록하고 있다.

〈표 27〉 LOV에서 추출한 법률 관련 Property 사례

---

dbpedia-owl:LegalCase(dbpedia-owl) http://dbpedia.org/ontology/LegalCase(**미국 대법원판례**)
rdfs:label Legal Case @en

---

dcterms:license(dcterms) http://purl.org/dc/terms/license(**법적인 면허 및 라이선스**)
A legal document giving official permission to do something with the resource. @en

---

frbr: LegalWork(frbr) http://purl.org/vocab/frbr/core#LegalWork(**법률 업무**)
rdfs:label legal work @en

---

juso.kr:LegalStatusVillage(juso.kr) http://rdfs.co/juso/kr/LegalStatusVillage(**한국의 주소체계**)
A legal-status village is an administrative unit in South Korea. @en
skos:prefLabel Legal-status Village @en

---

bibo: LegalDocument(bibo) http://purl.org/ontology/bibo/LegalDocument(**법률 문서**)
rdfs:label Legal Document @en
A legal document; for example, a court decision, a brief, and so forth. @en

---

md: LegalConstraints(md)
http://def.seegrid.csiro.au/isotc211/iso19115/2003/metadata#LegalConstraints(**법적 강제**)
rdfs:label Legal constraints

---

rov: legalName(rov) http://www.w3.org/ns/regorg#legalName(**기업에 대한 법률상 명칭**)
rdfs:label legal name @en
rdfs:comment The legal name of the business.
dcterms:description "This is the RDF encoding of the Legal Entity vocabulary, originally developed under the European Commission's ISA Programme."@en;

---

gdprt:LegalObligation(gdprt) https://w3id.org/GDPRtEXT#LegalObligation(**법적의무**)
rdfs:label Legal Obligations
Lawful basis for processing is covered by legal obligation(s). @en

---

특히 고유명사에 대하여 개념 속성을 정의하는 술어들은 비교적 용이하게 적용할 수 있으나, 추상적인 개념 용어에 대한 속성 표현을 적용하기 위해서는 법률적 해석의 문제가 뒤따르는 경우가 많기에 일반화하기가 쉽지 않다. 법률용어에 대한 속성을 정확히 표현

해 주는 술어에 대해서는 용어를 입력할 때마다 입력자가 직접 확인하여 속성을 적용하는 방법에 의존해야 했다. 따라서 데이터베이스 설계를 위해 명세화한 법률/법령명 클래스의 개념 속성과 STNet의 관계 술어 가운데 법률용어 간의 의미관계를 표현해줄 수 있는 관계 속성 총 32개 항목(역관계 12set)을 먼저 정리하였다 (<표 28>, <표 29> 참조). 그 후 정리된 술어를 바탕으로 동일한 속성명이 LOV에 정의되어 있는 술어들을 추출하여 적용하였다.

〈표 28〉 법률/법령명 클래스의 개념 속성 명세화

No	속성	속성명	속성값	설명
1	분야명	isClassified	code	법령의 분야별 구분을 편장절의 코드체계로 기술
2	법령 종류	isStructured	object	법령의 위계에 따른 법령의 종류를 기술
3	공포 번호	ID	object	법령에 고유하게 부여되는 공포 번호를 기술
4	공포일	promulgation Date	object	법령의 공포 일자를 기술
5	시행일	enforcement Date	object	법령의 시행 일자를 기술
6	제정/개정	enacts/revises	text	제정 법률 또는 개정 법률인지를 구분
7	소관 부처	involvedOrga nization	text	법령을 관장하는 소관 부처를 기술
8	약칭	otherName	text	법령명에 대한 약칭을 기술
9	이전/이후 법령명	previousLaw	text	폐지된 법률 또는 신규 입법된 법률의 이전 법령이 있을 경우에 이전 법률명을 기술
10	관련 판례	relatedJudge ment	text	해당 법령에 근거하여 인용된 판례를 기술

〈표 29〉 법률 분야에 적용되는 STNet의 관계 속성

구분	의미	관계명	역관계명(기타)
1	연관	RT	(RT_X, RT_Y)
2	적용	appliesTo	appliedBy
3	목적	hasPurpose	

구분	의미	관계명	역관계명(기타)
4	사례	isInstanceOf	hasInstance
5	전체-부분	hasComponent	isComponentOf
6	비우선어	UF	
7	이슈 주제	hasIssue	isIssueIn
8	(물리적) 분기	hasBranch	isBranchOf
9	종속관계	NT	BT
10	상호영향	affects	isAffectedBy
11	(물리적) 합류	hasTributary	isTributaryOf
12	종류	isKindOf	hasKind
13	관리 대상	manages	isManagedBy
14	개념적 부분	isConceptOf	
15	주체자/대상자	hasAgent	haPatient
16	대항/억제	isOppositionOf	
17	형태/현상	hasForm	
18	근거	bases	isBasedOn
19	이론/사상	hasTheory	
20	연결	isConnectedTo	

　　LOV에서 동일 속성의 술어(terms)를 추출하는 방법은 법률 분야의 텍사노미 구조화 경우와 마찬가지로, 법률 분야(Legal)만을 대상으로 하는 것이 아니라 전체 시맨틱 어휘를 대상으로 술어를 검색한 다음, 술어에 대한 정의와 설명, 주기 사항을 참조하여 관련 도메인에 적합한 것인지를 확인하여 선정하는 방식으로 진행하였다. STNet의 관계 술어 hasPurpose의 사례를 들어 설명한다면, LOV의 속성으로 등록된 술어는 4건으로 나타나며(<표 30> 참조), 적용 도메인에 대한 특별한 설명(description)이나 주기(scope note) 등이 없을 경우 LOV 평가 순위에 따라 제일 많이 사용된 시맨틱 어휘의 술어를 매핑하였다.

〈표 30〉 LOV의 술어 'hasPurpose'

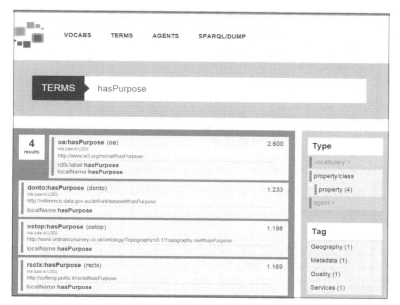

※ oa(Web Annotation Ontology), donto(Dataset Ontology)
  ostop(Ordnance Survey), rsctx(Recommender System Context)

이와 같이 법률/법령명의 개념 속성과 STNet 관계 속성으로 명
세화된 술어들에 대하여 LOV에 등록된 술어들을 추출하여 매핑하
는 방식을 채택하였다. 속성 및 의미관계 표현을 위해 LOV에서 매
핑하여 적용된 술어들을 정리하면 아래와 같다(<표 31>, <표 32>
참조).

〈표 31〉 STNet 법률 분야 관계 속성 기술을 위한 LOV의 술어

관계명(역관계명)	Terms(LOV)
RT(RT_X, RT_Y)	skos:related(skos) http://www.w3.org/2004/02/skos/core#related
appliesTo(appliedBy)	ei2a:applyFor(ei2a)http://opendata.aragon.es/def/ei2a#applyFor
hasPurpose	oa:hasPurpose(oa) http://www.w3.org/ns/oa#hasPurpose
isInstanceOf(hasInstance)	cro:isInstanceOf(cro) http://rhizomik.net/ontologies/copyrightonto.owl#isInstanceOf
hasComponent (isComponentOf)	arco:hasComponent(arco) https://w3id.org/arco/ontology/core/hasComponent
UF	dbpedia-owl:originallyUsedFor(dbpedia-owl) http://dbpedia.org/ontology/originallyUsedFor
hasIssue(isIssueIn)	voag:hasIssue(voag) http://voag.linkedmodel.org/voag#hasIssue
hasBranch(isBranchOf)	biotop:hasBranch(biotop) http://purl.org/biotop/biotop.owl#hasBranch
NT(BT)	skos:narrower(skos) http://www.w3.org/2004/02/skos/core#narrower
affects(isAffectedBy)	dk:affects(dk) http://www.data-knowledge.org/dk/affects
hasTributary (isTributaryOf)	-
isKindOf(hasKind)	nif:dependencyRelationType(nif) http://persistence.uni-leipzig.org/nlp2rdf/ontologies/nif-core#dependencyRelationType
manages(isManagedBy)	drm:manages(drm) http://vocab.data.gov/def/drm#manages
isConceptOf	arco:isConceptOf(arco) https://w3id.org/arco/ontology/core/isConceptOf
hasAgent(hasPatient)	event:hasAgent(event) http://purl.org/NET/c4dm/event.owl#hasAgent
isOppositionOf	-
hasForm	gold:hasForm(gold) http://purl.org/linguistics/gold/hasForm
bases(isBasedOn)	emp:bases(emp) http://purl.org/ctic/empleo/oferta#bases
hasTheory	dul:Theory(dul)

관계명(역관계명)	Terms(LOV)
hasTheory	http://www.ontologydesignpatterns.org/ont/dul/DUL.owl#Theory
isConnectedTo	seas-sys:connectedTo(seas-sys)
	https://w3id.org/seas/connectedTo

〈표 32〉 LOV를 적용한 법률/법령명의 속성

속성명	Terms(LOV)
isClassified	xkos:classifiedUnder(xkos) http://rdf-vocabulary.ddialliance.org/xkos#classifiedUnder
isStructured	xkos:classifiedUnder(xkos) http://rdf-vocabulary.ddialliance.org/xkos#classifiedUnder
ID	npg:id(npg) http://ns.nature.com/terms/id
promulgationDate	bf:legalDate(bf) http://id.loc.gov/ontologies/bibframe/legalDate
enforcementDate	dcterms:issued(dcterms) http://purl.org/dc/terms/issueddcterms:Jurisdiction(dcterms)
enacts/revises	wfprov:wasEnactedBy(wfprov) http://purl.org/wf4ever/wfprov#wasEnactedBy
involvedOrganization	foaf:Agent(foaf) http://xmlns.com/foaf/0.1/Agent
otherName	dbpedia-owl:otherName(dbpedia-owl) http://dbpedia.org/ontology/otherName
previousName	dbpedia-owl:previousName(dbpedia-owl) http://dbpedia.org/ontology/previousName
relatedJudgement	dbpedia-owl:LegalCase(dbpedia-owl) http://dbpedia.org/ontology/LegalCase

4.4 구조적 정의 기반 데이터베이스 구축

본 연구를 위해서 국회도서관 용어관계사전DB에서 추출된 법률
용어 디스크립터 12,203건과 국가법령정보센터에서 다운로드한 현
행 법령 4,990건 등, 수집 용어 데이터 하나하나에 법률 분야에 맞
게 새롭게 설계한 텍사노미 구조를 할당하고 속성을 정의하는 작업

을 통해 데이터베이스를 구축하였다.

　법률용어를 위한 실험용 시스템은 STNet의 텍사노미와 관계 술어의 구조화 방식을 기본으로 채택하고 있으며, 여기에 법률 분야에 맞도록 분야명의 텍사노미를 매칭하고 현행 법령의 개념 속성 등을 추가적으로 정의하였다(<표 33> 참조).

〈표 33〉 데이터베이스 설계를 위한 기본구조

구분	설계 항목	입력 내용
용어 데이터	·법률용어 ·법령 인스턴스	·용어 정의, 한자, UF/Use 등 ·개념 속성: 분야, 법령 종류, 공포 번호 등
클래스	·STNet 텍사노미 ·국회도서관 용어관 　계사전DB 패싯체계 ·법제처 국가법령정 　보센터의 분류체계	·기본범주 설정: STNet 최상위 범주 적용 　개체(A)활동/기능(B) 특성(C)이론/방법(D) 　형식/틀(E) 일반/공통(X)인스턴스(Y) ·중위범주: - 현행 법령의 분야별 구분(44/45편) 적용을 통한 용 　어관계사전 텍사노미 매칭 ·클래스별 속성 정의 및 입력 - 현행 법령의 메타데이터 기술 - 관련 법령 코드체계 부여 등
관계 술어	·STNet 관계 술어 ·LOV의 Legal 분야 　Vocabularies	·법률용어에 대한 관계 술어 - STNet 및 LOV 대응 32개(12set) 술어 매핑 ·법령에 대한 메타데이터 개념 속성 매핑

　DB 구축을 위한 시스템 설계 시, 법률용어 데이터 간의 의미관계를 표현하기 위해 관계 술어가 추가로 필요하다면 신규 생성할 수 있도록 하였다. 본 연구의 실험을 위해 데이터베이스를 구축하는 과정에서는 클래스를 신규 확장해야 하는 경우는 나타나지 않았다. 그 이유는 법률용어 디스크립터의 경우, 학문 분야별로 사회과학 분야의 법학 클래스에서 추출된 데이터이며, STNet은 인문과학, 사회과학, 복합학 등 학문 분야의 포괄 범위가 훨씬 넓기 때문이다.

수집된 법률용어는 학문별 분류로는 대부분 법학 클래스에 12,000여 건이 입력되었으며, 기타 사회과학 분야에 4,000여 건에 중복 설정되거나, 법학보다는 정치경제 분야 용어로 분류되는 경우도 있었다. 특히 법률용어 디스크립터 대부분은 학술논문과 법률 문헌에서 추출되었기 때문에 텍사노미 체계의 이론/방법(D) 클래스(기본범주)의 정치/법률제도(중위범주)에 12,000여 건이 집중 입력되었다. 또한 인스턴스(Y) 클래스의 현행 법령(Y05-01)에 4,990건이 입력되었고, 법률/제도명(Y05-03)에 210건이 중복 설정되었다. 현행 법령의 경우 정치/법률제도에 집중된 법률용어 디스크립터들과는 대조적으로 분야명의 개념 속성을 통하여 텍사노미 체계의 기본범주인 개체(A), 활동/기능(B), 특성(C) 등에 속해 주제 분야가 널리 분포됨을 확인할 수 있었다(<표 25> 참조).

각 용어에 대한 클래스와 속성 표현은 STNet 시스템 입력기를 통해 법률용어에 대한 클래스를 먼저 설정한 다음, 클래스에 대한 속성 표현과 더불어 법률용어 디스크립터 간의 연관관계와 법률용어 및 법령명에 대한 의미관계를 관계 술어를 통해 설정하였다. 국회도서관 용어관계사전에서 추출한 법률용어 간에는 이미 계층관계(BT, NT)와 연관관계(RT)가 설정되어 있으므로, 세분화된 STNet의 관계 술어를 참조하며 RT의 의미관계를 구체화하였다. STNet의 관계 술어(역관계 포함 97개(52set)) 중에서 법률 분야에 32개 관계 술어가 집중 설정되고 있는데, applies(적용), bases(근거) isAffectedBy(영향) 등 23개 관계 술어에서 용어 간의 의미관계가 100건 이상 설정되었다. 법률 분야에 집중되는 관계 술어는 대부분 LOV에서 동일한 의미를 갖는 술어들을 선택할 수 있으며, 세분화해야 할 경우에도 LOV의 Legal 분야에서 더욱 적절한 술어를 선택할 수 있다(<표 27> 참조).

인스턴스 클래스의 법률/법령명의 경우에는 법제처에서 제공하는 메타데이터를 중심으로 개념 속성을 입력하였고, 특히 분야명을 기술하는 코드체계를 입력할 때는 텍사노미 매칭으로 설정된 다른 클래스 내에서 의미관계가 형성될 수 있는 용어들이 있는지를 확인하여, 해당 용어에 대하여 관련 법령 코드를 속성으로 설정하였다 (<그림 20> 참조).

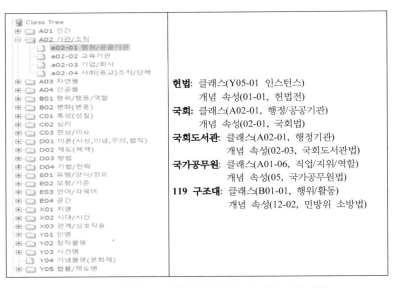

〈그림 20〉 법률용어 및 법령명의 클래스와 개념 속성 표현

<그림 20>의 사례에서 헌법의 경우 법령명의 인스턴스 클래스인 y05-01에 개념 속성으로 분야명의 법령 코드 01-01을 추가하여 헌법전을 말하는 것임을 표현해 준다. 법령의 분야별 구분 제2편은

국회이며 클래스는 행정/공공기관 a02-01, 법률 속성코드 02-01를 기술하여 국회와 국회의원 관련 법령이 있음을 표현하면서 분야별 구분을 클래스에 할당하고 관련 법률 속성을 코드체계로 추가하는 작업을 수행했다. 법령의 분야명 속성 코드는 44편 215장으로 구분 되는 편, 장, 절, 관에 따라 코드체계를 ○○(편)-○○(장)-○○(절)-○○(관)으로 부여했으며, 제1편 헌법, 제2편 국회, 제3편 선거·정 당에 대하여 정리한 법령 코드는 <표 34>와 같다.

〈표 34〉 법령의 분야명 속성코드(일부)

편(법령 코드)	장(법령 코드)	절(법령 코드)
제1편 헌법(01)	제1장 헌법전(01-01)	
	제2장 국가·국민(01-02)	제1절 국토·통일(01-02-01)
		제2절 국호·국기·연호 등(01-02-02)
		제3절 국민(01-02-03)
		제4절 상훈·전례·국경일(01-02-04)
	제3장 헌법재판소(01-03)	
제2편 국회(02)	제1장 국회·국회의원(02-01)	
	제2장 국회사무처(02-02)	제1절 조직·운영(02-02-01)
		제2절 인사·복무(02-02-02)
		제3절 문서·서무·재무등(02-02-03)
	제3장 국회도서관(02-03)	
	제4장 국회예산정책처(02-04)	
	제5장 국회입법조사처(02-05)	
제3편 선거·정당(03)	제1장 선거관리위원회(03-01)	
	제2장 선거·국민투표(03-02)	
	제3장 정당·정치자금(03-03)	

한편, 법령명과 법률용어의 개념 속성 외에도 관계 속성을 RT 관계로 연결할 수 있는데, 의미관계가 명확할 경우 구체적인 관계

술어를 적용하여 관계를 표현할 수 있다. 특히 법률용어와 법령명(인스턴스) 간에도 의미적 관계가 형성될 수 있으며, 이는 법령명에서 명사형으로 추출되는 키워드가 아니어도 법률용어사전 또는 법률정의사전을 통해서 특정 법률에서 정의된 법률용어들과 해당 법률명이 의미적 관계를 형성하기 때문이다(<그림 21> 참조). 예를 들어 법률용어 '119구급대'는 현행 법률 '119 구조·구급에 관한 법률'에 의해 정의되고 있으며, 관계 술어를 사용하여 의미적 관계를 형성하게 된다. 이렇게 법조문을 통해서 공식적으로 정의된 법률용어는 총 67,000여 건에 이른다.

법률용어사전(국가법령정보센터)
119구급대: 구급활동에 필요한 장비를 갖추고 소방공무원으로 편성된 단위조직을 말한다.
출처: **119 구조·구급에 관한 법률** [법률 제15298호, 2017.12.26, 일부개정]
  제2조(정의)
  제10조(119구급대의 편성과 운영)

〈그림 21〉 법률용어와 법령과의 의미적 관계

이 외에도 본 연구의 범위에는 포함되지 않지만 사법부의 판례정보도 재판을 통해서 판결의 형태로 법령을 해석한 것이기 때문에 법령에서 적용되는 '분야명'의 텍사노미를 통하여 의미적 관계가 형성된다. 또한 판례를 토대로 작성된 법령색인을 통해서 법률용어와 법령명의 의미적 관계가 연관관계로 표현될 수 있다.

제5장

온톨로지 변환 및
의미 검색

문서들의 웹인 현재의 월드와이드웹(WWW: World Wide Web)
과 비교하여 데이터의 웹으로 정의되는 시맨틱 웹은 컴퓨터 간의
정보교환을 가능하게 하며, 웹을 통해 데이터의 의미를 사람이 아
닌 컴퓨터가 이해하고 처리할 수 있도록 표현해 준다. 웹상에서 데
이터 수준의 데이터 통합, 즉 표준화된 데이터베이스를 구축하기
위하여 W3C는 웹 온톨로지 언어 표준으로 RDF, RDFs, OWL 등
을 제안하였다. 현재 구동되고 있는 동적 웹페이지의 70% 이상이
관계형 데이터베이스(RDB)를 근간으로 생성되어 있기 때문에, 관
계형 모델에 기반하여 RDB 데이터 간의 관계를 RDF 혹은 OWL
모델로 표현하기 위한 연구도 매우 활발히 진행되어 왔다(Patel,
Zang and Chang 2007).

  본 연구에서는 국회도서관 용어관계사전DB에서 추출한 법률용
어 디스크립터와 국가법령정보센터에서 다운로드한 현행 법령을,
STNet을 모체로 설계된 실험용 시스템에 입력하여 관계형 데이터
베이스(RDB)의 형태로 구조화하였다. 구조적 용어 정의 방식에 따
라 RDB 형태로 구축한 법률용어관계사전DB의 용어 데이터를
RDF로 매핑함으로써 온톨로지 변환 작업을 수행하였다. 또한 변환
된 온톨로지의 각 클래스와 속성에 대한 기본적인 설정 오류를 추
론 엔진을 통하여 검증한 다음, 단순 검색으로는 수행하기 어려운
추론 시나리오를 작성하여 의미 검색의 가능성을 확인하였다.

5.1 온톨로지 변환

온톨로지 변환은 물리적 변환 및 가상적 변환 방식으로 구분되는데, 물리적 변환 방식은 RDB 전체 데이터 및 메타데이터(스키마)의 Extract(추출)-Transform(변환)-Load(적재) 과정을 수행하고, 물리적 변환의 결과인 RDF 그래프 혹은 OWL 온톨로지는 원본 DB와는 다른 별도의 저장소에 물리적으로 저장된다. 가상적 변환 방식(virtual read-only RDF graphs)은 사용자에 의한 시맨틱 웹 질의 요청이 발생하는 시점마다 입력된 질의를 SQL 질의로 재작성한 후 원본 DB에 질의하며, 그 결과에 대한 데이터셋만을 변환하여 사용자에게 보내주는 방식이다. RDB를 OWL로 생성한 온톨로지에서 RDF 그래프를 추출하는 것은 기존의 추론기에서는 불가능하며, D2RQ, Triflify, Virtuoso RDF Views와 같은 시스템을 사용하여 가상적 변환에 의한 RDF 그래프를 반환해줄 수 있다(최지웅, 김명호 2014).

온톨로지 변환은 매핑언어 및 연구도구 활용 방법에 따라 RDB to RDF Mapping Language(R2RML)와 Non-R2RML 방법으로 구분되는데, 본 연구에서는 RDB 형태로 구조화된 STNet의 법률용어 데이터를 RDF 데이터로 반환받기 위해서 Non-R2RML 방식의 RDF 연결도구인 D2RQ 온톨로지 변환 방식을 적용하였다. STNet을 대상으로 온톨로지 변환 방식을 분석한 연구에서 R2RML 방식과 Non-R2RML 방식을 사용하여 온톨로지 변환 시간과 속도, 변환 규모를 비교한 결과, 데이터의 변형이 빈번하고 새로운 데이터의 추가나 연결 관계가 지속적으로 변화하는 동적인 RDB에는 Non-R2RML 방식이 더욱 적합한 것으로 평가된 바 있기 때문이다(고영만, 이승준, 송민선 2015).

D2R 서버를 통하여 실험데이터를 RDF로 변환하기 위해서는 먼저 DB에 접속하여 변환 데이터를 정의하고, 클래스와 속성, 즉 개념범주와 관계 술어를 설정한 뒤, D2RQ 형태로 변환된 구문을 통하여 RDB 데이터를 n-triple 구조의 RDF 데이터로 변환하였다. <그림 22>는 D2R 서버의 시스템 모형(http://d2rq.org/d2r-server)으로, 온톨로지 변환의 결과를 확인하고 의미 검색을 수행하기 위해서는 SPARQL 질의어로 D2R 서버에 접근하게 되는데, Non-RDF 데이터베이스, 즉 RDB 데이터는 D2RQ 엔진을 통하여 매핑언어로 온톨로지 변환 작업을 수행하며, 이 과정에서 생성된 RDF 형태의 데이터가 SPARQL 쿼리를 통하여 검색되어 추론 기능을 검증하는 구조를 보여준다.

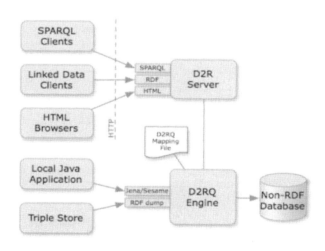

〈그림 22〉 D2R 서버의 시스템 모형

<그림 23>은 매핑언어를 통하여 RDB 데이터가 RDF로 매핑되는 구조를 설명한 것이다. RDB의 데이터는 D2RQ 매핑언어인 d2rq:ClassMaps와 d2rq:PropertyBridges 등을 사용하여 RDF 그래프로 매핑된다. 매핑 과정에서 가장 중요한 엔터티는 ClassMaps인데, 논문(paper), 저자(author)처럼 온톨로지의 클래스를 표현해 준다. 클래스맵은 클래스의 각 인스턴스에 대해서 URI가 어떻게 표현되는지를 지정하고, 클래스에 속한 인스턴스의 속성이 어떻게 표현되는지를 지정해 주는 PropertyBridges로 연결된다. D2R 서버 시스템에서는, 사용자들이 자유롭게 접속하여 고유의 매핑언어를 적용할 수 있도록 템플릿이 제공되고 있다.

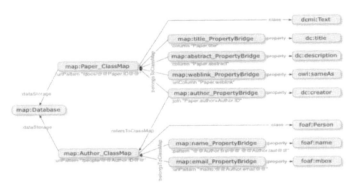

〈그림 23〉 D2RQ 매핑언어(ClassMaps와 PropertyBridges)의 매핑구조

5.2 온톨로지 구조 검증

STNet RDB에 대한 온톨로지의 연구 절차는 온톨로지 구조 생

성, 온톨로지 구조 검증, RDF 온톨로지 변환, 추론 규칙 제한 및 공리 생성, 온톨로지 평가의 순으로 진행되었다. STNet 모체로 설계한 실험용 RDB의 경우 법률 클래스를 중심으로 세분화하여 구축하였고, 법률의 분야명 속성으로 인하여 STNet 전체 클래스의 용어에 관계 속성이 추가적으로 연결되었다. 용어 간의 관계 구조가 변동되므로 온톨로지 구조는 동적인 STNet RDB 전체를 대상으로 실험을 하게 되었다. RDB에는 고립어를 제외하면 155,454개의 용어가 등록되어 있으며, 각각의 용어에 대하여 정의된 104개의 속성 및 170개의 클래스를 대상으로 OWL 변환을 실시한 결과, <그림 24>와 같은 규모의 온톨로지가 생성되었다.

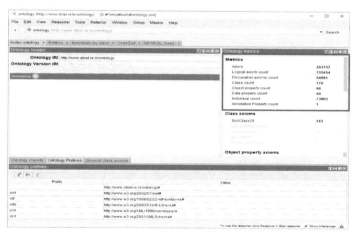

〈그림 24〉 Protg에서 조회한 온톨로지의 규모

온톨로지 구조의 생성 과정은 다음과 같다. 먼저, STNet 전체 클래스에 대한 클래스 구조를 생성하고, 각 클래스의 속성에 대해 실제 입력된 데이터 간의 연결 유형을 분석하여 ObjectType Property와 DataType Property를 설정한다. 그리고 각 속성의 Domain과 Range 를 정의한 후, 추론기를 통해 각 클래스와 속성에 대한 기본적인 설정의 오류를 검증하는 단계를 거친다. 온톨로지 구조에 논리적 오류가 없을 경우, STNet RDB 실험데이터를 RDF 온톨로지 변환기에 의해 RDF 데이터와 OWL로 변환하는 작업을 수행하였다. 또한 온톨로지 클래스 생성 및 OWL Properties 설정의 경우 클래스 상관관계를 고려하여 의미적으로 연관이 없거나 동일한 속성을 공유하지 않는 클래스에 대해서는 Disjoint를 통해 '서로소'를 구성하였다.

OWL-DL의 형태로 생성된 STNet 온톨로지는 DL(Description Logic) 의 표현력 표현규칙 ALI(D)를 만족하는 클래스, 속성의 온톨로지 구조를 Pellet 추론기로 검증하였다. Pellet 추론기는 Tableaux 알고리즘을 기반으로 DIG 인터페이스를 지원하는 Description Logic 추론기이며, 추론기를 통한 검증 결과 구조적 오류는 없는 것으로 확인되었다 (<그림 25> 참조).

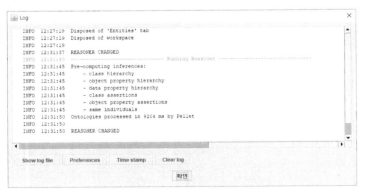

〈그림 25〉 Pellet 추론기를 통한 구조 검증

Pellet 추론기는 온톨로지 구조나 데이터의 문제가 발생할 경우 경고와 함께 수정 대상 객체의 URI와 Report를 출력해 주는 기능이 있으며, 클래스 추론, 객체속성 추론, 데이터속성 추론, 예시 추론에 대한 구조적 오류를 검증할 수 있다. <표 35>는 Pellet 추론기를 통하여 검증되는 추론 유형과 그에 따른 검증 항목이다.

〈표 35〉 Pellet 추론기의 검증 항목

검증 대상 추론 유형	검증 항목
Displayed Class Inferences	Unsatisfiability
	Equivalent classes
	Superclasses
	Class Member
	Disjoint Classes
Displayed Object Property Inferences	Unsatisfiability
	Domain
	Range
	Equivalent Properties
	Super Properties
	Inverses
Displayed Data Property Inferences	Domain
	Equivalent Properties
	Super Properties
Displayed Individual Inferences	Types
	Object Property Assertion
	Data Property Assertion
	Same Individual

변환된 온톨로지는 owl:Thing의 계층구조로 전개되는 클래스 구조를 지니게 된다. <그림 26>은 STNet 클래스의 구조와 법률 관련 클래스 및 그 하위 클래스를 포함하는 인스턴스들의 연결 구조를 보여준다.

〈그림 26〉 법률 관련 클래스와 인스턴스들의 연결 구조

〈그림 27〉 관계 술어 appliesTo의 온톨로지 변환

이와 함께 개념 속성이나 관계 술어 역시 STNet에서 설정한 구
조로 변환되어 있는 것을 확인할 수 있다(〈그림 27〉 참조).

아래 <그림 28>의 사례를 통해 실제 변환된 내용을 살펴보면, '선박직원법'은 법령명 클래스(y05-01)에 속해있으며, 선박 소유자를 적용 대상으로 하고, 1960년에 법률 제11690호로 제정된 법률임을 확인할 수 있다.

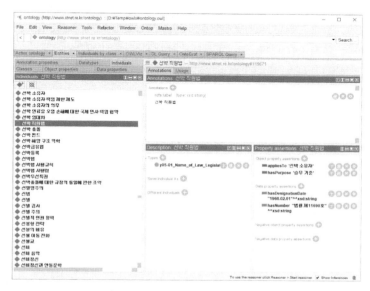

〈그림 28〉 선박직원법의 온톨로지 변환 사례

5.3 추론 시나리오

온톨로지 구축과 관련한 선행 연구 대부분은 온톨로지 구조 설계 또는 온톨로지 변환으로 연구가 종료되었고, 변환의 결과에 대해서는 언급되지 않는다. 본 연구에서는 구조적 정의 방식에 의하여 구축된 법률용어 RDB를 온톨로지로 변환하였고, 이후 마지막 연구 절차로 온톨로지의 속성 공리에 의하여 추론 기능이 제대로 작동하는지 검증하기 위하여 의미 검색을 수행하였다. 대체로 온톨로지 클래스 간의 연결 관계가 속성값에 의하여 많이 형성되어 있을수록 의미관계가 풍부하게 표현될 수 있다. 즉 다양한 클래스에 데이터가 많이 입력되어 있을수록, 동일 클래스 내에 엔터티의 속성값이 많이 정의될수록, 복수 클래스 간의 의미관계가 관계 술어를 통하여 많이 연결되어 있을수록 다양한 시나리오를 작성할 수 있게 된다.

추론 검증을 위한 검색 시나리오는 클래스 간의 조합과 속성값의 필터링을 위한 계산식에 따라 작성되는데, 각 클래스에 대한 속성값이 일정 비율 이상 입력된 관계 술어를 확인하였고, 연결된 관계 술어를 통하여 어떤 클래스들이 의미관계를 맺고 있는지 파악하는 과정을 통해 추론을 위한 검색 시나리오가 작성되었다. 특히 의미 검색이 이뤄지기 위해서는 클래스 조합과 속성값을 통한 의미적 연결 관계가 지속적으로 형성되는 것이 중요하며, 연결 관계가 더는 형성되지 않는 상황에 이르게 되면서 시나리오 설정의 최종 단계에 도달하게 된다. 본 연구의 추론 시나리오 작성에서는 법률용어가 가장 많이 입력된 법률/법령(y05-01) 클래스를 대상으로 해당 클래스와 평균값 이상으로 연결되는 클래스 조합과 속성값을 필터링하였고, 속성값이 연결되는 최소 수준의 횟수(10회)를 임의 설정해 해당 횟수 미만으로 속성값이 출현하는 5단계를 최종 단계로 삼았다. 추론 검증을 위해 작성된 시나리오의 1단계와 2단계 필터링의 구체적 내용은 아래와 같다.

먼저, 1단계 X1-Y1 클래스 조합의 필터링을 위하여, X1 클래스 (법률/법령 y05-01)에 대한 속성의 입력 비율을 산출하여 연결되는 Y1 클래스들을 확인하였다. X1 클래스에 속성별 입력 비율 산출 결과, 평균값 이상으로 연결되는 관계 술어는 RT, apply, hasIssue, hasComponent, isInstanceOf, 시대, 상위/하위법 등으로 나타났다. 또한 관계 술어로 의미관계가 형성되는 Y1 클래스들은 정치/법률 제도(d02-02), 경제/경영제도(d02-03), 행위/활동(b01-01), 경제산업 활동(b01-03) 등으로 나타났다(<표 36> 참조).

〈표 36〉 1단계 추론 시나리오: X1-Y1 관계
(X1 클래스 〈법률/법령(y05-01)〉과 Y1 클래스의 관계)

1단계 X1	관계 술어(개념 속성)	1단계 Y1
y05-01 법률/법령	RT	d02-02 정치/법률제도
		y05-01 법률/법령
		b01-01 행위/활동
		y06-01 조직 및 단체명
		b01-03 경제/산업 활동
		d02-03 경제경영제도
	apply	d02-03 경제경영제도
	hasIssue	d02-02 정치/법률제도
	hasComponent	y05-01 법률/법령
	isInstanceOf	d02-02 정치/법률제도
	BT	d02-02 정치/법률제도
	법률/법령(시대)	x02-01 시대
	hasBranch+hasBranch(상위/하위법)	y05-01 법률/법령
	isBranchOf+isBranchOf(상위/하위법)	y05-01 법률/법령

1단계 클래스 조합을 바탕으로 2단계 클래스 조합을 산출해 내기 위하여 동일한 과정을 수행하였다. RT 속성으로 연결되는

X1-YI 클래스 조합은 6개이며, apply, hasIssue, hasComponent, isInstanceOf, BT, hasEra, hasBranch 등 각각의 관계 술어를 통하여 Y1 클래스 조합 8개, 모두 14개의 조합이 형성되었다.

다음으로 2단계 의미 검색 시나리오는 1단계에서 생성된 Y1 클래스가 2단계의 X 클래스가 되며 각각에 대하여 같은 방식으로 관계 술어와 속성 입력 빈도를 고려하여 Y2 클래스들을 도출하였다. <표 37>은 1단계에서 생성된 Y1 클래스 <b01-01 행위/활동>과 의미관계가 설정되는 Y2 클래스들이다. 2단계 행위/활동(b01-01)에서 연결되는 관계 술어는 RT, hasKind, NT, 행위자, 목적, 대상자 등이며, 각각에 Y2 클래스의 조합이 형성된다. 이렇게 생성된 Y2 클래스는 3단계 시나리오에서 X 클래스가 되어, 다시 관계 술어를 통하여 Y3 클래스가 산출되었다. 클래스 조합과 관계 술어를 필터링하여 평균값 이상일 경우 포함하고 특정 비율 미만인 값을 제외하는 방식으로 4단계, 5단계 등 지속적으로 클래스 조합과 관계 술어를 도출하였다. 이와 같은 과정을 통하여 작성되는 시나리오에 따라 검색이 이뤄지면 단순 검색으로는 수행할 수 없는 의미 검색이 가능하게 된다.

〈표 37〉 2단계 추론 시나리오: Y1-Y2 관계
(Y1 클래스〈행위/활동(b01-01)〉와 Y2 클래스의 관계)

Y1(=2단계 X)	관계 술어(개념 속성)	Y2(=3단계 X)
b01-01 행위/활동	RT	b01-01 행위/활동
		d02-02 정치/법률제도
		B01 행위/행동/역할
		c01-04 능력/힘/에너지
		y05-01 법률/법령

Y1(=2단계 X)	관계 술어(개념 속성)	Y2(=3단계 X)
b01-01 행위/활동		c03-01 상태/상황
		d02-03 경제경영제도
		d02-01 사회제도
		b01-02 교육활동
		d01-01 이론/사상
		a01-06-03 인간(역할)
		A04 인공물
		C02 심리
		c01-02 기질/품질/형질/성향
b01-01 행위/활동		d01-03 분과학문
		d01-02 원칙/법칙
		c03-03 문화/생활
		b01-03 경제/산업 활동
		d04-01 기법/방식
		a04-01 물품/제품/생산품
		d01-04 개념(정의)
		y06-01 조직 및 단체명
		c02-02 인식/의식
		c01-03 수준/정도
		b02-03 개혁(개편/재편/혁신)
	hasKind	b01-01 행위/활동
	NT	B01 행위/행동/역할
		b01-01 행위/활동
	행위/활동(행위자)	a01-06-03 인간(역할)
		A02 기관/조직
		a01-06-01 인간(직업)
	isPurposeOf	y05-01 법률/법령
		b01-01 행위/활동
		d02-02 정치/법률제도
	행위/활동(대상(자))	a01-06-03 인간(역할)
	isKindOf	b01-01 행위/활동
	BT	b01-01 행위/활동
		b01-01 행위/행동/역할

본 연구에서는 법률/법령 클래스와 의미관계가 설정되는 클래스들을 5단계까지 도출하였고, 클래스와 속성을 참고하여 <표 38>과 같이 추론 검증을 위한 의미 검색 시나리오를 구성하였다. 검색 시나리오에서 [ ]는 특정 클래스에 속한 용어를 표현하고, [ ]들을 조합하여 연결하는 속성 및 관계 술어들은 서술어나 동사 표현으로 나타낸다.

<표 38> 법률 분야에 대한 의미 검색 시나리오

번호	검색 시나리오
1	[행위/활동]을 하는 [인간/역할]에 대한 [법률/법령]의 목적은 [정치/법률제도]이다.
2	[인간/직업]과 [행위/활동]을 목적으로 하는 [법률/법령]은 [사회제도]와 관련이 있다.
3	[인간/직업]을 대상으로 하는 [정치/법률제도]를 위하여 [법률/법령]이 제정되었다.
4	[정치/법률제도]와 관련되는 [법률/법령]은 [능력/힘/에너지]에 의하여 [행위/활동]을 한다.
5	[교육활동]을 하는 [인간/직업]과 관련된 [법률/법령]이 있다.
6	[법률/법령]의 목적은 [정치/법률제도]를 위한 것이며, (해당 [정치/법률제도]는) [인간/역할]을 대상으로 한다.
7	[사건명]에 관련된 [실존 인물]은 [조직/단체]에 소속되어 [인간/역할]을 수행했으며, 해당 [인간/역할]은 [법률/법령]과 관련이 있다.
8	[조직/단체명]에 소속된 [실존 인물]은 [인간/직업]을 갖고 있으며, (해당 [인간/직업]이) [행위/활동]을 수행하는 목적은 [정치/법률제도]이다.

5.4 SPARQL 쿼리 결과

전 단계 연구 과정에서 추론 규칙을 토대로 Protege에서 온톨로지 구조를 정리한 다음 의미 검색 시나리오를 작성하였고, 시나리오에 따라 SPARQL 질의를 수행하여 결괏값을 추출하였다. 클래스와 속성값의 필터링을 통하여 구성된 의미 검색 시나리오는 모두 8개였으나 일반적인 용어 검색을 통해서도 결괏값이 도출될 수 있는 쿼리 결과 등을 삭제하여 유효하고 의미 있는 결괏값을 확인한 결과 모두 5개의 시나리오에서 결과 데이터가 도출되었다. 의미 검색을 수행하여 유효한 결괏값이 도출되지 않는 데는 여러 이유가 있겠으나, 이 경우에는 데이터 입력 부족을 주요 원인으로 꼽을 수 있다. 특히 5단계 이상 클래스와 속성값이 조합되는 시나리오의 경우 의미 검색 결과 데이터가 도출되지 않는 것은, 다양한 일상용어 및 법률용어에 대한 정확한 속성 정의와 풍부한 의미관계 설정을 바탕으로 데이터베이스를 구축할 때 보다 깊이 있는 추론이 가능함을 시사한다. 유효한 결괏값을 도출한 의미 검색 시나리오를 중심으로 SPARQL 쿼리 결과를 정리하면 다음과 같다.

시나리오 2: |인간/직업|과 |행위/활동|을 목적으로 하는 |법률/법령|은 |사회제도|와 관련이 있다.

〈표 39〉 시나리오 2의 SPARQL 질의문

```
PREFIX rdf: <http://www.w3.org/1999/02/22-rdf-syntax-ns#>
PREFIX owl: <http://www.w3.org/2002/07/owl#>
PREFIX rdfs: <http://www.w3.org/2000/01/rdf-schema#>
PREFIX xsd: <http://www.w3.org/2001/XMLSchema#>
PREFIX : <http://www.stnet.re.kr/ontology#>

SELECT ?OccupationANDActivity ?LawLegislation ?SocialSystem
WHERE {
          ?OccupationANDActivity rdf:type :b01-01_Action_Activity
          OPTIONAL {?OccupationANDActivity rdf:type :a01-06-01_Occupation}
          ?LawLegislation rdf:type :y05-01_Name_of_Law_Legislation
          ?SocialSystem rdf:type :d02-01_Social_System
          ?LawLegislation :hasPurpose ?OccupationANDActivity
          ?LawLegislation :appliesTo ?SocialSystem
}
ORDER BY DESC(?OccupationANDActivity)
```

시나리오2 - 온톨로지 구조	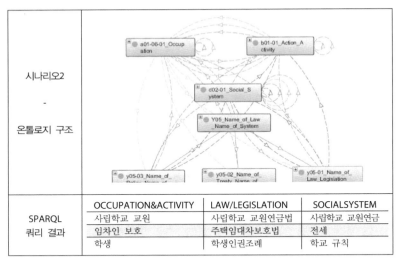		
SPARQL 쿼리 결과	OCCUPATION&ACTIVITY	LAW/LEGISLATION	SOCIALSYSTEM
	사립학교 교원	사립학교 교원연금법	사립학교 교원연금
	임차인 보호	주택임대차보호법	전세
	학생	학생인권조례	학교 규칙

〈그림 29〉 시나리오 2의 온톨로지 구조와 SPARQL 쿼리 결과

시나리오 2에 대한 SPARQL 쿼리 결과는, [a01-06-01 인간/직업]과 [b01-01 행위/활동]을 목적으로 하는 [y05(-01, -02, -03) 법률/법령]은 [d02-01 사회제도]와 관련이 있다는 구조로 해석된다. [a01-06-01 인간/직업]과 [b01-01 행위/활동]은 선택적으로(optional) 적용되었으며, 단순 검색에서도 도출되는 결괏값을 제외하게 되면 시나리오 2는 "[임차인 보호(행위/활동)]를 목적으로 하는 [주택임대차보호법(법률/법령)]은 [전세제도(사회제도)]와 관련 있다" 등의 의미 검색이 수행되었음을 보여준다.

시나리오 3: [인간/직업]을 대상으로 하는 [정치/법률제도]를 위하여 [법률/법령]이 제정되었다.

```
PREFIX rdf: <http://www.w3.org/1999/02/22-rdf-syntax-ns#>
PREFIX owl: <http://www.w3.org/2002/07/owl#>
PREFIX rdfs: <http://www.w3.org/2000/01/rdf-schema#>
PREFIX xsd: <http://www.w3.org/2001/XMLSchema#>
PREFIX : <http://www.stnet.re.kr/ontology#>

SELECT ?LAWLEGISLATION ?LEGALSYSTEM ?SOCIALSYSTEM
WHERE {
        ?LAWLEGISLATION rdf:type : y05-01_Name_of_Law_Legislation
        ?LEGALSYSTEM rdf:type : d02-02_Political_System_Legal_System
        ?HUMAN rdf:type : a01-06-01_Occupation
        ?LEGALSYSTEM :hasPurpose ?LAWLEGISLATION
        ?LEGALSYSTEM :hasAgent ?SOCIALSYSTEM
}
```

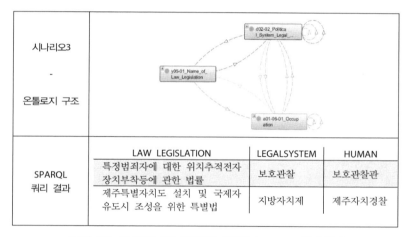

시나리오3 - 온톨로지 구조			
SPARQL 쿼리 결과	LAW LEGISLATION	LEGALSYSTEM	HUMAN
	특정범죄자에 대한 위치추적전자 장치부착등에 관한 법률	보호관찰	보호관찰관
	제주특별자치도 설치 및 국제자 유도시 조성을 위한 특별법	지방자치제	제주자치경찰

〈그림 30〉 시나리오 3의 온톨로지 구조와 SPARQL 쿼리 결과

시나리오 3에 대한 SPARQL 쿼리 결과는, [a01-06-01 인간/직업]을 대상으로 하는 [b01-01 정치/법률제도]를 위하여 [y05-01 법률/법령]이 제정되었다는 구조로 해석된다. 시나리오 3에 대한 의미 검색의 결과, "[보호관찰관(인간/직업)]을 대상으로 하는 [보호관찰제도(정치/법률제도)]를 위하여 [특정 범죄자에 대한 위치추적 전자

장치 부착 등에 관한 법률(법률/법령)]이 제정되었다" 등의 유효한
결괏값이 도출되었다.

시나리오 4: [정치/법률제도]와 관련되는 [법률/법령]은 [능력/힘/에너지]에 의하여 [행위/활동]을 한다.

〈표 41〉 시나리오 4의 SPARQL 질의문

```
PREFIX rdf: <http://www.w3.org/1999/02/22-rdf-syntax-ns#>
PREFIX owl: <http://www.w3.org/2002/07/owl#>
PREFIX rdfs: <http://www.w3.org/2000/01/rdf-schema#>
PREFIX xsd: <http://www.w3.org/2001/XMLSchema#>
PREFIX : <http://www.stnet.re.kr/ontology#>

SELECT ?LAWLEGISLATION ?LEGALSYSTEM ?SOCIALSYSTEM ?ACTIONACTIVITY
WHERE {
          ?LAWLEGISLATION rdf:type : y05-01_Name_of_Law_Legislation
          ?LEGALSYSTEM rdf:type : d02-02_Political_System_Legal_System
          ?SOCIALSYSTEM rdf:type : c01-04_Ability_Power_Energy
          ?ACTIONACTIVITY rdf:type : b01-01_Action_Activity
          ? LAWLEGISLATION :hasPurpose ? LEGALSYSTEM
          ?LEGALSYSTEM :hasAgent ?SOCIALSYSTEM
          ?SOCIALSYSTEM :hasPatient ?ACTIONACTIVITY
}
```

시나리오4 - 온톨로지 구조				
SPARQL 쿼리 결과	LAWLEGISLATION	LEGALSYSTEM	SOCIALSYSTEM	ACTIONACTIVITY
	제주특별자치도설치및국제자유도시조성을위한특별법	지방자치제	계획고권	도시계획

〈그림 31〉 시나리오 4의 온톨로지 구조와 SPARQL 쿼리 결과

시나리오 4의 의미 검색 결과, "[d02-02 정치/법률제도]와 관련되는 [y05-01 법률/법령]은 [c01-04 능력/힘/에너지]에 의하여 [b01-01 행위/활동]을 한다"라는 질의문에 대하여 "[지방자치제도(정치/법률제도)]와 관련되는 [제주특별자치도 설치 및 국제자유도시 조성을 위한 특별법(법률/법령)]은 [계획고권(능력)]에 의하여 [도시계획(행위/활동)]을(추진)한다"라는 유효한 쿼리 결과가 도출되었다.

시나리오 5: [교육활동]을 하는 [인간/직업]과 관련된 [법률/법령]이 있다.

〈표 42〉 시나리오 5의 SPARQL 질의문

```
PREFIX rdf: <http://www.w3.org/1999/02/22-rdf-syntax-ns#>
PREFIX owl: <http://www.w3.org/2002/07/owl#>
PREFIX rdfs: <http://www.w3.org/2000/01/rdf-schema#>
PREFIX xsd: <http://www.w3.org/2001/XMLSchema#>
PREFIX : <http://www.stnet.re.kr/ontology#>

SELECT ?EDUCATIONALACTIVITY ?OCCUPATION ?LAWLEGISLATION
WHERE {
          ?EDUCATIONALACTIVITY rdf:type : b01-02_Educational_Activity
          ?OCCUPATION rdf:type : a01-06-01_Occupation
          ?LAWLEGISLATION rdf:type : y05-01_Name_of_Law_Legislation
          ?EDUCATIONALACTIVITY :hasAgent ?OCCUPATION.
          ? OCCUPATION :apply ?LAWLEGALATION
}
```

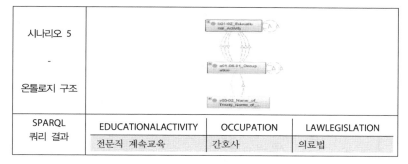

시나리오 5 - 온톨로지 구조			
SPARQL 쿼리 결과	EDUCATIONALACTIVITY	OCCUPATION	LAWLEGISLATION
	전문직 계속교육	간호사	의료법

〈그림 32〉 시나리오 5의 온톨로지 구조와 SPARQL 쿼리 결과

시나리오 5에 대한 의미 검색의 결과, "[b01-02 교육활동]을 하는 [a01-06-01 인간/직업]과 관련된 [y05-02 법률/법령]이 있다"라는 질의문에 대하여 "[전문직 계속교육]을 하는 [간호사]와 관련된 [의료법/의료법시행령]이 있다"라는 유효한 쿼리 결괏값이 도출되었다. 전문직 계속교육은 간호사의 직무로서 의료법 시행령을 통하여 규정되어 있다.

시나리오 6: [법률/법령]의 목적은 [정치/법률제도]를 위한 것이며, (해당 [정치/법률제도]는) [인간/역할]을 대상으로 한다.

〈표 43〉 시나리오 6의 SPARQL 질의문

```
PREFIX rdf: <http://www.w3.org/1999/02/22-rdf-syntax-ns#>
PREFIX owl: <http://www.w3.org/2002/07/owl#>
PREFIX rdfs: <http://www.w3.org/2000/01/rdf-schema#>
PREFIX xsd: <http://www.w3.org/2001/XMLSchema#>
PREFIX : <http://www.stnet.re.kr/ontology#>

SELECT ?LAWLEGISLATION ?LEGALSYSTEM ?ROLE
WHERE {
        ?LAWLEGISLATION rdf:type : y05-01_Name_of_Law_Legislation
        ?LEGALSYSTEM rdf:type : d02-02_Political_System_Legal_System
        ?ROLE rdf:type : a01-06-03_Role
        ?LAWLEGISLATION :hasPurpose ?LEGALSYSTEM
        ?LEGALSYSTEM :appliesTo ?ROLE
}
```

시나리오 6의 경우, 의미관계에 의한 클래스와 속성 조합에 따라 총 72건의 의미 검색 결괏값이 도출되었으며, SPARQL 질의문에 따라 "[y05(-01, -02, -03) 법률/법령]의 목적은 [d02-02 정치/법률제도]를 위한 것이며, (해당 [정치/법률제도]는) [a01-06-03 인간/역할]을 대상으로 한다"라는 구조로 쿼리 결괏값이 해석된다. <그림 33>은 쿼리 결과의 일부를 표현한 것으로, 부정경쟁방지 및 영업비

밀보호에 관한 법률, 헌법 제22조 제2항, 다문화가족지원법, 인신보호법, 전자상거래 등에서의 소비자보호에 관한 법률, 유럽경쟁법 등에서 유효한 의미 검색의 결괏값이 도출되었다.

시나리오6 - 온톨로지 구조			
SPARQL 쿼리 결과	LAWLEGISLATION	LEGALSYSTEM	ROLE
	부정경쟁방지 및 영업비밀 보호에 관한 법률	디자인 보호	산업 스파이
	부정경쟁방지 및 영업비밀 보호에 관한 법률	영업비밀 보호	산업 스파이
	헌법 제22조 제2항	권리 보호	창작자
	다문화가족지원법	사회 통합	다문화가정 아동
	인신보호법	신체의 자유	피수용자
	전자상거래 등에서의 소비자보호에 관한 법률	공정거래	통신판매 중개자
	유럽경쟁법	공정 거래	EU

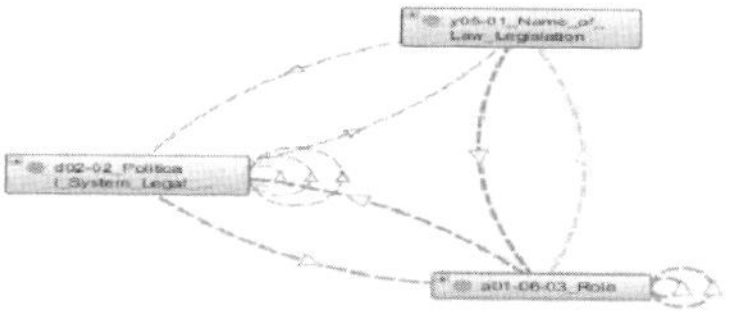

〈그림 33〉 시나리오 6의 온톨로지 구조와 SPARQL 쿼리 결과

위와 같이 시나리오 2, 3, 4, 5, 6의 경우, 관련 데이터들이 온전하게 입력되어 의미 검색의 결괏값이 도출되는 경우로 확인된다. <표 44>에서 추론 시나리오에 따른 의미 검색 결과를 종합하였다.

번호	검색 시나리오	검색 결과
1	[행위/활동]을 하는 [인간/역할]에 대한 [법률/법령]의 목적은 [정치/법률제도]이다.	유효한 데이터 없음
2	[인간/직업]과 [행위/활동]을 목적으로 하는 [법률/법령]은 [사회제도]와 관련이 있다.	**의미 검색 결과 도출**
3	[인간/직업]을 대상으로 하는 [정치/법률제도]를 위하여 [법률/법령]이 제정되었다.	**의미 검색 결과 도출**
4	[정치/법률제도]와 관련되는 [법률/법령]은 [능력/힘/에너지]에 의하여 [행위/활동]을 한다.	**의미 검색 결과 도출**
5	[교육활동]을 하는 [인간/직업]과 관련된 [법률/법령]이 있다.	**의미 검색 결과 도출**
6	[법률/법령]의 목적은 [정치/법률제도]를 위한 것이며, (해당 [정치/법률제도]는) [인간/역할]을 대상으로 한다.	**의미 검색 결과 도출**
7	[사건명]에 관련된 [실존 인물]은 [조직/단체]에 소속되어 [인간/역할]을 수행했으며, 해당 [인간/역할]은 [법률/법령]과 관련이 있다.	유효한 데이터 없음
8	[조직/단체명]에 소속된 [실존 인물]은 [인간/직업]을 갖고 있으며, (해당 [인간/직업]이) [행위/활동]을 수행하는 목적은 [정치/법률제도]이다.	유효한 데이터 없음

시나리오 1, 7, 8의 경우에는 유효한 데이터가 도출되지 않는 것으로 나타나는데, 그 이유는 대체로 추론 시나리오의 문제이거나 SPARQL 질의문이 잘못되었거나 혹은 데이터 오류 및 데이터 입력 표본 수가 적은 것으로 요약된다. 추론 시나리오의 문제인 경우 시나리오 작성을 위한 클래스와 속성 필터링 과정에서 클래스와 속성값 조합의 깊이가 세밀하게 전개될수록 검색 조건이 부가되므로 이에 부합하는 데이터를 산출해 내기가 쉽지 않다. SPARQL 질의문 오류일 경우에는 생성된 온톨로지 구조와 쿼리 결괏값에 의하여 육안으로 오류를 확인하여 수정할 수 있다. 보다 근본적인 오류는 데이터 입력 및 입력 표본 수가 적은 경우인데, 데이터베이스 구축

시에 클래스를 잘못 배정하거나 속성값 입력 및 용어 간 관계 설정이 잘못된 경우에는 이러한 오류가 의미 검색 결과에도 반영된다. 또한 DB에 입력된 관련 용어 데이터 표본 수가 적거나 없을 경우에도 의미 검색에 부합하는 데이터가 없음이라는 쿼리 결과가 도출될 수 있다. 본 실험의 시나리오 1, 7, 8에서 유효한 데이터가 없다는 의미 검색 결과는 데이터 오류 및 다양한 클래스에 대한 용어 데이터 입력 부족으로 인한 것으로 보인다. 특히 시나리오 7, 8의 경우에는 의미 검색을 위해 작성된 추론 시나리오가 클래스와 속성값 조합이 5단계 이상 필터링 되면서 유효한 데이터를 산출해 내기가 더욱 쉽지 않았던 것으로 설명할 수 있다.

제6장

결론

시소러스는 용어 간의 의미관계를 제시함으로써 검색의 효율성을 개선하는 기능을 수행해 왔으나, 시소러스 용어 간 의미구조의 불명확성과 관계 구조의 단순성 및 표현의 한계에 대하여 문제점이 지적되어 왔다. 특히 웹 분야에서 의미 검색과 웹 자원의 공유를 목표로 시맨틱 웹과 온톨로지에 관한 연구가 활발해짐에 따라, 시소러스의 개선을 통해 온톨로지로 발전시키는 것이 중요한 연구 과제가 되어 왔다. 본 연구에서는 국가기관에서 관리해 온 시소러스 중에서 패싯 체계가 적용된 국회도서관 용어관계사전DB의 법률 분야 디스크립터를 구조적 용어 정의 방식(SDBT)으로 재설계하여 온톨로지 변환이 가능한지를 확인하고자 하였다.

이를 위해 본 연구는 시맨틱 웹 설계를 위한 최근의 주요 정보기술 동향을 반영하여, 특정 클래스를 정의해 주는 일련의 속성과 클래스가 의미적으로 연결되는 관계를 명시적으로 보여주는 데이터의 구조화 접근방식인 STNet의 구조적 학술용어사전 구축 방법론과 모형을 적용하여 설계하였다. 실험데이터의 수집을 위하여 국회도서관 용어관계사전DB에서 법률용어 디스크립터 12,203건을 추출하였고, 국가법령정보센터를 통해 현행 법령 4,990건을 망라적으로 수집하였다. 또한 법률 도메인에 적합한 텍사노미 개발을 위하여 국가기관의 법률정보시스템을 비교 분석하였으며, 모든 국가기관이 법령에 공통으로 적용하고 있는 '분야명' 구분을 STNet의 텍사노미에 매칭함으로써 법령정보를 위한 텍사노미를 재설계하였다. 더불어 국가법령정보센터에서 제공하는 메타데이터 등을 참고하여 클래스 및 속성을 정의하였고, STNet과 LOV에서 추출한 관계 술어들을 중심으로 법률용어의 의미관계를 기술하기 위한 시맨틱 어휘 구성 작업을 수행하였다. 법률용어를 위한 텍사노미와 관계 술어를 바탕으로 관계형 데이터베이스를 설계해 구축하였으며, 구축된 용어 데이터에 대한 온톨로지 구조 검증을 마친 후 Non-R2RML 방식의 D2RQ 서버를 통하여 RDF 변환 작업을 수행하였다.

본 연구의 최종 단계는 변환된 온톨로지 구조에 대하여 추론 기능을 검증하는 것이다. 이를 위해 입력된 용어 간의 의미관계 조합을 바탕으로 검색 시나리오를 작성하고 RDF 변환 데이터에 SPARQL 쿼리를 수행하였으며, 작성된 시나리오에 대한 의미 검색의 결괏값을 평가함으로써 법률용어의 구조적 정의에 의한 온톨로지 변환과 의미 검색의 활용 가능성을 검증하였다. 본 연구의 주요 연구 결과를 정리하면 다음과 같다.

첫째, 국회도서관 용어관계사전DB에서 추출한 법률용어 디스크립터와 법제처에서 수집한 현행 법령을 바탕으로 법령과 법률 문헌, 관련 판례 등 법령 도메인의 관련 정보를 통합적으로 수용할 수 있는 법령정보의 텍사노미 구조를 도출하였다. 입법부, 사법부, 행정부 등 5개 국가기관에서 구축한 법률정보시스템의 분류체계를 비교 분석한 결과, 법령(판례 포함)의 경우 법령의 위계에 따라 본래적으로 계층구조를 형성하고 있으며, 법령의 의미적 관계는 '분야별'(총 44편/조약 포함 45편, 편(編), 장(章), 절(節), 관(款) 편성)

텍사노미를 통하여 공통으로 구조화됨을 확인하였다. 특히 법률용어에 대해서는 기관마다 별도의 텍사노미 구조로 설계되어 있으므로, 법률용어와 법령 인스턴스가 하나의 텍사노미 체계에 수용될 수 있도록 온톨로지 구축의 관점에서 새롭게 설계되어야 했다. 이에 법령을 중심으로 도메인에서 공통으로 채택하고 있는 분야별 구분(총 44편 215장)을 STNet의 텍사노미 구조에 대응하여, 법률용어를 통합적으로 수용할 수 있도록 매칭함으로써 텍사노미 구조를 개발하였다. 매칭 결과, 법령의 분야별 구분은 STNet의 7개 기본범주 및 27개 중위범주에서 대부분 수용되고 있으며, 하위범주까지 세분화하여 모두 매칭될 수 있음을 확인하였다.

둘째, 법률용어 및 법령명에 대한 클래스의 속성 정의를 위하여 국가법령정보센터에서 제공하는 법령명의 메타데이터를 분석하였고, 분야명, 법령 종류, 공포 번호, 공포일/시행일, 제정/개정 구분, 법령에 대한 소관 부처, 관련 판례, 법령명 약칭, 이전/이후 법령명 등을 개념 속성으로 정의하였다. 특히 법령의 '분야명' 구분은 다른 클래스에 있는 법령용어들과 의미적 관계를 형성시켜주는 연결 지시기호가 될 수 있으므로 코드형으로 체계화하였다. STNet 텍사노미와 법률 분야명이 매칭되는 클래스의 경우에는 '관련 법령'의 개념 속성을 코드형으로 추가하여 정의해 줌으로써, 법률용어가 속해 있는 클래스와 '법률/법령명' 클래스(인스턴스) 간에 의미적 관계가 형성될 수 있도록 구조화하였다. 이를 통해 개념적·학술적으로 법률용어가 아닌 경우라 해도 클래스의 개념 속성을 통하여 관련 법률이 존재할 경우, 해당 법령과 의미적 연결 관계가 형성될 수 있도록 구조화됨을 확인하였다.

셋째, 본 연구의 시맨틱 어휘를 구성하기 위하여 법령명 클래스에서 정의한 개념 속성 10개 항목과 STNet에서 적용된 관계 술어 가운데 법률용어 간의 의미관계를 표현해 주는 관계 속성 총 32개 항목(역관계 12set 포함)을 명세화하였다. 또한 웹상의 데이터 연결을 목적으로 관계 술어 어휘체계가 등록되어 있는 LOV에서, 법률용어 및 법령의 속성명과 대조하여 동일 속성을 표현하는 술어를 매핑하여 적용함으로써, 관계 술어의 재사용성과 상호운용성을 높이고자 하였다.

넷째, 법률 분야에 맞도록 개발한 텍사노미 구조와 현행 법령의 개념 속성, LOV에서 매핑하여 적용한 관계 술어 어휘 등을 사용하여, STNet의 구조화 방식을 기본 모형으로 법률 버전의 실험용 시스템을 설계하고 관계형 데이터베이스를 구축하였다. 수집된 법률용어 데이터 하나하나에 대하여, 클래스와 속성 표현으로 구조화된 시스템 입력기를 통해 법률용어에 대한 클래스를 먼저 설정한 다음, 클래스에 대한 속성 표현과 더불어 법률용어 간의 의미관계를 표현하기 위한 관계 술어를 적용하였다. 법률용어 디스크립터의 대부분은 학술논문과 법률 문헌에서 추출되었기 때문에, STNet 텍사노미 체계의 이론/방법(D) 클래스(기본범주)의 정치/법률제도(중위범주)에 12,000여 건이 집중 입력되었고, 인스턴스(Y) 클래스의 현행 법령(Y05-01)에 4,990건이 입력되었다. 특히 인스턴스 클래스인 현행 법령의 경우, 분야명의 개념 속성을 통하여 개체(A), 활동/기능(B), 특성(C) 등으로 주제 분야가 널리 분포됨을 확인할 수 있는데, 이는 '개체(A)', 즉 인간, 조직 및 기관에 대하여 '활동/기능/행위(B)'을 규율하는 법령의 일반적인 기본 구조와 입법 목적을 반영하는 결과로 보인다. 또한 명세화한 관계 술어 32개 중에서 applies (적용-), bases(근거) isAffedtedBy(영향) 등 23개 술어에서 100건 이상의 의미관계가 설정되는 등, 법률용어에 적합한 특정 관계 술어에 의미관계가 집중적으로 설정되는 것으로 나타났다.

마지막으로 구조적 정의 방식에 따라 RDB 형태로 구축한 법률 용어관계사전DB의 용어 데이터를 RDF로 매핑하기 위해, 동적인 RDB에 적합한 Non-R2RML 방식의 RDF 연결도구인 D2RQ 서버 시스템을 적용으로써 온톨로지 변환 작업을 수행하였다. Pellet 추론 엔진을 사용하여, OWL의 표현력을 최대한 반영하여 변환된 온톨로지의 각 클래스와 속성에 대한 기본적인 설정의 오류를 검증하였다. 변환된 온톨로지의 추론 기능을 검증하기 위해 SPARQL 쿼리를 수행하여 검색의 결괏값을 평가하였는데, 의미 검색을 평가하기 위한 추론 시나리오는 클래스 간의 조합과 속성값의 필터링을 통해 단계적으로 추출된 클래스와 속성값을 토대로 작성되었다. 설정된 추론 시나리오 8개에 대한 의미 검색 가능성을 평가한 결과, 일반적인 키워드 검색으로도 가능한 경우를 삭제할 경우 5개의 검색 시나리오에서 유효하고 의미 있는 결괏값이 도출되었다. 또한 풍부하고 다양한 용어가 구조적으로 정의되어 데이터베이스로 구축될 때 보다 깊이 있는 추론이 가능할 것으로 분석되었다.

본 연구는 시소러스의 지식조직체계가 갖고 있는 의미관계의 한계점은 온톨로지의 관계 구조를 적용함으로써 개선할 수 있다는 문제의식 속에서, 구조적 용어 정의 방식을 통해 기구축되어 있는 시소러스를 온톨로지로 발전시킬 수 있음을 확인한 연구라는 점에서 의의를 지닌다. 특히 법률 분야에서 논리성과 유용성의 기준을 만족하는 텍사노미 체계를 개발하기 위하여, 법령과 판례, 법률 문헌에 공통으로 적용할 수 있도록 법률의 '분야명' 클래스와 법령명의 메타데이터를 속성으로 정의함으로써, 법령정보 온톨로지 구축을 위한 토대를 마련했다고 평가할 수 있다. 더불어 STNet 구축 과정에서 체계화된 온톨로지 구축 연구 방법론과 연구 모형을 법률 도메인에 적용함으로써, 구조적 용어 정의 방식으로 관계형 데이터베이스를 구축하고 온톨로지 변환이 가능함을 재확인하게 되었다.

그럼에도 불구하고 본 연구는 시소러스 용어 디스크립터를 중심으로 의미관계를 설정했기 때문에 개념 용어에 적용되는 관계 술어에 대해 충분히 깊이 있는 분석을 하지 못했다는 한계를 지닌다. 이러한 한계는 법률 분야 데이터의 상호운용성을 도모하기 위해 관계 술어를 어떻게 적용하고 매핑할 것인지에 대한 논리적 기준을 세우는 후속 연구를 통해 보완되어야 할 것이다. 법령이나 법률용어를 위한 속성명, 관계 술어를 정의하기 위해서는 명확한 근거를 바탕으로 한 논리적 기준이 필요하기 때문이다.

본 연구에서 적용했던 연구 절차와 방법론을 토대로, 향후 법률 분야뿐만 아니라 학문 전 분야 혹은 도메인별로 온톨로지를 구축하기 위한 텍사노미를 설계하고 클래스와 속성을 구체화하는 후속 연구들이 이어지기를 기대한다. 기존 자원 활용의 측면에서 국가기관에서 개발하여 활용하고 있는 한국역사용어 시소러스의 경우, 유물과 유적, 역사적 사실 등 개념 용어보다는 고유명사인 정보 용어가 집중되어 있기에, 클래스와 속성 정의를 통하여 온톨로지로 구축할 수 있는 유용한 조건을 충족하고 있다. 법률, 역사 등 분야별로 심화된 연구 분석이 이루어지면 다양한 온톨로지 구축 사례가 축적되고, 웹을 통하여 의미 검색시스템이 실제 구현되는 성과로 귀결할 수 있을 것이다.

참고문헌

강현민. 2010. RDF/OWL의 객체속성을 이용한 관계온톨로지 시스템 구축과 활용에 관한 연구. 『정보관리학회지』, 27(4): 219-237.

고영만. 2006. 시소러스 기반 온톨로지에 관한 연구. 『정보관리학회지』, 5: 5-22.

고영만, 송인석. 2011. 연구문헌의 지식구조를 반영하는 의미기반의 지식조직체계에 관한 연구. 『정보관리학회지』, 28(1): 145-170.

고영만, 송민선, 김비연, 민혜령. 2013. 인문학 및 사회과학 분야 국내 학술논문의 저자키워드 출현빈도와 피인용횟수의 상관관계 연구. 『정보관리학회지』, 30(2): 227-243.

고영만, 김비연, 민혜령. 2014. 한국학술지인용색인(KCI)의 인문학, 사회과학, 예술 체육 분야 저자키워드의 의미적, 형태적 분석에 의한 개념범주 텍사노미 연구. 『한국문헌정보학회지』, 48(4): 297-322.

고영만, 송민선, 이승준. 2015. 한국학술지인용색인(KCI)의 인문학, 사회과학, 예술 체육 분야 저자키워드의 의미적 관계유형 최적화 연구. 『한국문헌정보학회지』, 49(1): 45-67.

고영만, 이승준, 송민선. 2015. 관계형 데이터베이스 기반 구조학술용어사전(STNet)의 RDF 온톨로지 변환 방식 연구. 『정보관리학회지』, 32(2): 131-151.

고영만, 송민선, 이승준, 김비연, 민혜령. 2015. 구조적학술용어사전 "STNet"의 추론 규칙 생성에 의한 의미 검색에 관한 연구. 『한국문헌정보학회지』, 49(3): 81-107.

고영만, 김비연, 민혜령, 송민선, 이승준. 2016. 『구조적 학술용어사전기반 온톨로지 구축론』. 서울: 한국도서관협회.

고영만. 2019. 메타데이터관리연구 강의록. 성균관대학교 문헌정보학과.

공현장, 황명권, 김원필, 김판구. 2005. 특정도메인에 대한 자동 온톨로지 구축방법에 관한 연구. 『:한국정보과학회 제32회추계학술발표회 논문집』, 32(2): 595-597.

국회도서관. 2018. 『국회도서관 용어관계사전DB 유지관리사업 완료보고서』. 서울: 국회도서관.

국회도서관. 2013. 『용어관계사전』. 서울: 국회도서관.

김대희, 조창희, 전삼현. 2015. RDBMS기반 법령정보 시소러스 구축모델에 대한 실증적 연구. 『한국IT정책경영학회』, 7(6): 67-76.

김규환, 장보성, 남영준. 2008. 전문용어 기반 인문사회분야 온톨로지 구축에 관한 연구. 『제15회 한국정보관리학회 학술대회 논문집』, 181-188.

김봉주. 1992. 『개념학: 의미론의 기초』. 서울: 한신문화사.

김상균, 장현철, 예상준, 한정민, 김진현, 김철, 송미영. 2008. 한국한의학연구원 소셜 네트워크 온톨로지 구축. 『한국콘텐츠학회 논문지』, 9(12): 485-495.

김수경, 안기홍. 2007. 지능형 이미지 검색 시스템을 위한 추론 기반의 웹 온톨로지 구축. 『정보관리학회지』, 24(3): 119-147.

김재훈, 박석. 2011. OWLJessKB 추론 규칙을 바탕으로 한 subClassOf 추론에서의 그래프 레이블링 효율성 재평가. 『정보과학회논문지:데이터베이스』, 38(4): 238-247.

김지현, 이종서, 이명진, 김우주, 홍준석. 2012. 법령정보 검색을 위한 생활용어와 법률용어 간의 대응관계 탐색 방법론. 『지능정보연구』, 18(3):137-152.

김지훈, 김태수. 2006. 용어정의와 관계추출을 통한 시소러스 확장에 관한 연구. 『한국문헌정보학회지』, 40(1): 293-314.

김태수. 2000. 『분류의 이해』. 서울: 문헌정보처리연구회.

김태수. 2001. 용어정의를 도입한 시소러스 개발 연구. 『정보관리학회지』, 18(2): 231-254.

김현희, 안태경. 2003. 온톨로지를 이용한 인터넷웹 검색에 관한 실험적 연구. 『정보관리학회지』, 20(1): 417-455.

박길식, 박성철, 김준태. 2012. 온톨로지 기반 Jess 추론 규칙을 이용한 자동차 정비 e-트레이닝 시스템에 대한 연구. 『한국컴퓨터종합학술대회 논문집』, 39(1(B)): 417-419.

박여삼, 장옥배, 한성국. 2008. X-TOP: 레거시 시스템 상에서 온톨로지 구축을 위한 토픽맵 플랫폼의 설계와 구현. 『정보과학회논문지: 컴퓨팅의 실제 및 레터』, 14(2): 130-142.

박옥남. 2011. 정보조직 지식구조에 관한 연구: 2000년~2011년 학술논문을 중심으로. 『한국비블리아학회지』, 22(3): 247-267.

백지원. 2005. 『용어관계의 분류 모형 개발에 관한 연구』. 박사학위논문, 이화여자 대학교 대학원, 문헌정보학과.

백지원, 정연경. 2005. 지식조직체계의 용어관계 유형에 관한 연구. 『한국문헌정보학 회지』, 39(4): 119-138.

법제처 편. 2017. 『대한민국현행법령집』. 서울: 한국법령정보원.

법원도서관. 2012. 『법률분야 관련어집』. 서울: 법원도서관.

성하정, 김장원, 이석훈, 백두권. 2014. 관계형 데이터베이스 구성요소의 의미 관계 를 고려한 RDB to RDF 매핑시스템. 『정보처리학회논문지: 소프트웨어 및 데이터공학』, 3(1): 19-30.

송우종, 김유성. 2008. Wine 온톨로지와 추론엔진 Jena를 활용한 의미추론 기반의 Wine 정보검색 시스템. [online].[cited 2015. 7. 10.]. <http://ice.inha.ac.kr/xe/?module=file&act=procFileDownload&file_srl=66002&sid=e70eb0fdbf226e8715f5027200a941f2>

송인석. 2008. 연구·학술정보 효율적 검색을 위한 온톨로지 기반의 주제 색인어 구 조화 방안 연구. 『정보관리연구』, 39(4): 121-154.

유영준. 2005. 온톨로지의 개념간 관계 설정을 위한 AGROVOC 시소러스의 분석에 관한 연구. 『정보관리학회지』, 22(1): 125-144.

윤성희. 2009. 검색엔진의 정확률 향상을 위한 질의어 의미와 사용자 반응 정보의 이용. 『정보관리학회지』, 26(4): 81-91.

이경호, 이준승. 2006. XML 문서의 변환을 위한 온톨로지 갱신 기반 XML 스키마 매칭. 『정보과학회논문지: 데이타베이스』, 33(7): 727-740.

이재윤, 김태수. 1998. WordNet과 시소러스. 『제11회 언어정보연찬회 발표논문집』. 연세대학교.

이태영. 2009. 시맨틱 웹 환경에서 적합한 문장을 제공하는 이야기 쓰기 도우미에 관한 연구. 『정보관리학회지』, 26(4): 7-33.

이혜영, 곽승진. 2011. 국내 학술지 논문의 주제어를 통한 학술연구 분야 관계분석. 『한국비블리아학회지』, 22(3): 353-371.

임수연, 박성배, 이상조. 2005. 의미관계 정보를 이용한 약품 온톨로지의 구축과 활용. 『정보과학회논문지: 소프트웨어 및 응용』, 32(5): 428-437.

임지룡. 1997. 『인지의미론』. 서울: 탑출판사.

장임숙, 장덕현, 이수상. 2011. 다문화연구의 지식구조에 관한 네트워크 분석. 『한국도서관·정보학회지』, 42(4): 353-374.

장인호. 2010. 법률 온톨로지의 필요성, 역할, 사례에 관한 일고찰. 『국회도서관보』, 47(3): 36-45.

장인호. 2011. 온톨로지 기반 법률 검색시스템의 구축 및 평가에 관한 연구. 『한국문헌정보학회지』, 45(2): 345-366.

장창복, 김만재, 최의인. 2012. 상황 인식 추천 서비스를 위한 온톨로지 이용 OWL 모델링. 『한국인터넷방송통신학회 논문지』, 12(1): 265-273.

전말숙. 1998. 시소러스의 연관관계 유형에 관한 연구. 『정보관리연구』, 29(1): 20-39.

정상원. 2009. 『과학기술 컨퍼런스 정보의 반자동 수집 및 학술적 의미추론 시스템연구개발』. 대전: 한국연구재단.

정승택. 2011. 『생활용어 기반의 법령정보 시맨틱 검색 방법론에 관한 연구』. 석사학위논문 연세대학교 공학대학원 산업정보경영.

정인섭 외. 2005. 『해외법률 문헌 조사방법』. 서울: 서울대학교 출판부.

정현기, 김유섭. 2008. 도메인 온톨로지 구축을 위한 개념 자동 추출 및 클러스터링. 『한국정보과학회 2008 종합학술대회 논문집』, 35(1): 305-309.

정현숙, 최병일. 2005. 텍스트 내용 기반의 철학 온톨로지 구축 및 교육에의 응용. 『정보교육학회논문지』, 9(2): 257-269.

조대웅, 김명호. 2014. 법령 온톨로지 구축에 관한 연구. 『한국컴퓨터정보학회지』, 19(11): 105-113

조라현. 2015. 『구조적 학술용어사전 구축을 위한 법령용어 개념 속성의 상세화 연구』. 석사학위 논문. 성균관대 대학원 문헌정보학과.

조이현, 박대원, 박동훈, 문홍구, 권혁철. 2006. 비전문가에 의한 상하위 관계 중심의 온톨로지 공동구축 방법. 『한국지능정보시스템학회 추계 학술대회 논문지』, 2(1): 87-91.

조현양, 남영준. 2004. 시소러스와 온톨로지의 상호 호환성에 관한 연구. 『정보관리학회지』, 21(4): 27-47.

최미영, 문창주. 2012. ER2iDM을 이용한 관계형 데이터베이스로부터 시맨틱웹 구축방법. 『한국정보기술학회논문지』, 10(10): 189-200.

최정화, 박영택. 2010. 온톨로지 Open World추론과 규칙 Closed World추론의 통합. 『정보과학회논문지: 소프트웨어 응용』, 37(4): 282-295.

최지웅, 김명호. 2014. 관계형 데이터베이스로부터 생성된 OWL 온톨로지를 위한 탐색기법. 『한국콘텐츠학회논문지』, 14(10): 438-453.

한성국, 이현실. 2006. 시소러스를 활용한 온톨로지 구축방안 연구: 시소러스의 SKOS 변환을 중심으로. 『한국비블리아학회지』, 17(1): 286-303.

허정환, 정진우, 손진현, 이동호. 2008. 의미 추론 규칙을 이용한 온톨로지 기반의 전자우편 자동 분류 시스템. 『한국정보과학회 2008 가을 학술발표논문집』, 35(2(C)): 234-239.

황미녕, 이승우, 조민희, 김순영, 최성필, 정한민. 2012. 연구 트렌드 분석을 위한 기술 지식 온톨로지 구축. 『한국콘텐츠학회논문지』, 12(12): 35-45.

Akbari, I. and Fathian, M. 2010. "A Novel Algorithm for Ontology Matching". *Journal of Information Science,* 36(3): 324-334.

Bizer, C. 2003. "D2R MAP - A database to RDF mapping language". Poster Presentation In the Twelfth International World Wide Web Conference(WWW2003), Budapest, Hungary.

de Candolle, A. P. 1813. *Théorie élémentaire de la botanique(Elementary Theory of Botany).* Paris: Déterville.

Gruber, T. R. 1993. "A Translation Approach to Portable Ontology Specifications". *Knowledge Acquisition,* 5: 199-220.

Ene, A. and Wayne, K. 2006. "WordNet lexical database, and the Wikipeadia corpus". Princeton University. COS226.

Horridge, M., Parsia, B. and Sattler, U. 2009. "Explaining Inconsistencies in OWL Ontologies". *Lecture Notes in Computer Science,* 5785: 124-137.

Hudon, M. 1996. "Preparing terminological definitions for Indexing and retrieval thesauri: a model". Proceedings of the 4th international ISKO Conference.

Keshavarz, M and Lee, Y. H. 2012. "Ontology matching by using ConceptNet". Proceedings of the Asia Pacific Industrial Engineering & Management Systems Conference.

Ko, Y. M. 2019. "Extracting Ontologies from Terminological Databases". keynote speech of Dublin Core Metadata Initiative 2019, Seoul, Korea.

Ko, Y. M, Song, M. S. and Lee, S. J. 2016. "Construction of the structural definition-based terminology ontology system and semantic search evaluation". *Library Hi Tech,* 34(4): 705-732.

Komitee Terminologie und Sprachfragen der Deutschen Gesellschaft fur Dokumentation(DGD-KTS). 1975. *Terminologie der Information und Dokumentation.* Redaktion: U. Neveling, G. Wersig. Munchen.

Liu, H and Singh, P. 2004. "ConceptNet: A practical commonsense reasoning toolkit". *BT Technology Journal,* 22(4):211-226, October.

Maedche, A. Staab, S. 2002. "Measuring Similarity between Ontologies". of the European Conference on Knowledge Acquisition and Management(EKAW), 251-263.

Masahide, K. 2008. 『시멘틱웹을 위한 RDF/OWL 입문』. 황석형, 양해술 공역. 서울: 홍릉과학출판사.

Michel, F., Montagnat, J., and Faron-Zucker, C. 2014. "A survey of RDB to

RDF translation approaches and tools". [Research Report] I3S. Retrieved from https://hal.archives-ouvertes.fr/hal-00903568v2/document

Miller. G. A. 1993. Nouns in WordNet: A Lexical Inheritance System. [online]. [cited 2019.03.10.]. <https://wordnet.princeton.edu/>.

Mommers, L. 2010. "Ontologies in the Legal Domain(Ch12)". *Theory and Applications of Ontology: Philosophical Perspectives.* Poli, R. and Seibt J.(eds.), Springer Science+Business Media B.V.

Moors, C. N. 1963. "The indexing Language of an Information Retrieval System". an Institute conducted by the Library School and the Center for Continuous Study. University of Minnesota, September(19-21).

Patel, B. H, Zhang, M. Z. and Chang, K. C. 2007. "Accessing the deep web". *Communication of the ACM,* 50: 94-101.

Prasad, A. R. D. and Guha, N. 2008. "Concept naming vs concept categorisation: a faceted approach to semantic annotation". *Online Information Review,* 32(4): 500-510.

Saboo, S., Halb, W., Hellmann, S., Idehen, K., Thilbodeau, T., Auer, S., Sequeda, J., and Ezzat, A. 2009. "A survey of current approaches for mapping of relational databases to RDF". *Technical Report.* 2009.

Sager, J. C., and L'Homme M, C. 1994. "A Model for Definition of Concepts: Rules for Analytical Definitions in Terminological Databases". *Terminology,* 1(2): 351-373.

Sirin, E. et al. 2007. "Pellet: A Practical OWL-DL Reasoner." *Journal of Web Semantics: Science, Services and Agents on the World Wide Web,* 5(2): 51-53.

Soergel, D. 1974. *Indexing Languages and Thesauri: Construction and Maintenance.* LA CA: Melville Publishing Company.

Speer, R. and Havasi, C. 2017. "Representing General Relational Knowledge in ConceptNet5". MIT Media Lab.

Strehlow, R. A. 1983. "Terminology and the well-formed Definition. In Standardization of Technical Terminology: Principles and Practices". ASTM international.

Taylor, J. R. 1995. Linguistic catagorization. 『인지언어학 이란 무엇인가?』. 조명원, 나익주 공역. 서울: 한국문화사.

Vandenbussche, P. Y. and Vatant, B. 2012. Metadata recommendations for linked

open data vocabularies. Technical report. [online]. [cited 2019.11.30.]
<https://lov.linkeddata.es/Recommendations_Vocabulary_Design.pdf>

Vandenbussche, P. Y. et al. 2014. "LOV: a gateway to reusable semantic
vocabularies on the web ". *Semantic Web 2014(1-5)*.

Wersig, G. 1978. *Thesaurus-Leitfaden*. München, New York: Saur KG.

Wersig. G. 1973. *Informationssoziologie*. Athenaum Verlag GmbH: Frankfurt
am Main.

Wielinga, B. J., Schreober, A. T., Wielemaker, J., and Sandberg, J. A. C.
2001. "From Thesaurus to Ontology". In Proceedings of the 1st
International Conference on Knowledge Capture. ACM, 194-201

Zhitomirsky-Geffet, M. and Shalom, E. E. 2014. "Maximizing agreement on
diverse ontologies with "wisdom of crowds" relation classification".
Online Information Review, 38(5): 616-633.

국가법령정보센터. [online]. [cited 2019.06.30.]. <http://www.law.go.kr>
국회법률도서관. [online]. [cited 2019.06.30.]. <http://law.nanet.go.kr>
국회법률정보시스템. [online]. [cited 2019.06.30.]. <http://likms.assembly.go.kr/>
대한민국법원종합법률정보. [online]. [cited 2019.03.10.]. <https://glaw.scourt.go.kr>
법원도서관 시소러스검색시스템. [online]. [cited 2019.03.10.].
<https://library.scourt.go.kr/kor/search/thesaurus.jsp>
성균관대학교 정보관리연구소 구조적 용어사전 지식베이스 구축시스템.
[online]. [cited 2019.03.05.]. <http://stnet.re.kr >
한국법령정보원. [online]. [cited 2019.06.10.]. <http://www.lawinfo.or.kr/>
한국법제연구원. [online]. [cited 2019.06.10.]. <http://www.klri.re.kr/>
한국역사용어시소러스. [online]. [cited 2019.03.05.].
<http://thesaurus.history.go.kr/>
"A free, open-source ontology editor and framework for building intelligent
systems". [online]. [cited 2019.04.30.]. <http://protege.stanford.edu/>
"D2RQ, Accessing Relational Databases as Virtual RDF Graphs" [online].
[cited 2019.10.15]. <http://d2rq.org>
"ConceptNet, An open, multilingual knowledge graph". [online]. [cited
2019.03.30.]. <http://conceptnet.io/>
"Getting started with schema.org using Microdata". [online]. [cited 2019.10.05.].
<https://schema.org/docs/documents.html>

"Introduction to WordNet: An On-line Lexical Database" 1993. [online]. [cited 2019.03.30.] <http://wordnetcode.princeton.edu/5papers.pdf>

"Linked Open Vocabularies 2019, 683 Vocabularies in LOV". [online]. [cited 2019.09.15.]. <https://lov.linkeddata.es/dataset/lov/>

"Schema.org Tutorial" [online]. [cited 2019.10.05.]. <https://www.w3resource.com/schema.org/introduction.php>

"W3C, SPARQL 1.1 Overview". [online]. [cited 2019.06.09.]. <https://www.w3.org/TR/2013/REC-sparql11-overview-20130321/>

"WordNet, A Lexical Database for English". [online]. [cited 2019.03.10.]. <https://wordnet.princeton.edu/>

부록

〈부록 1〉 STNet 텍사노미 및 개념 속성

개념범주(클래스)				개념 속성
기본	중위	하위(1단계)	하위(2단계)	
	A01 인간 Human			
		a01-02 **생물학적 특성** Biological Character	a01-02-01_성별 Gender	성별
			a01-02-02_연령 Age	연령
		a01-03 **관계** Human Relations	a01-03-01_친족관계 Kinship	
			a01-03-01_대인관계 Personal Relationship	
		a01-04 **사회집단** Social Group		민족/인종/지역
			a01-04-01_민족/ 인종 /종족 Ethnic/Ratial Group	
			a01-04-02_국민 National Groups	
			a01-04-03_거주상황 Residence Situation	
			a01-04-04_사회계층 Social Class	
A			a01-04-05_세대 Generation	
개			a01-04-06_공동체 Community	
체			(a01-04-07)성씨 Family Name	본관/지명/시조
		a01-05 **능력/성향** People with Ability/Tendency	a01-05-01_재능 Gifted People	분야
			a01-05-02_장애・질병 People with Disabilities/Illnesses	원인 증상
			a01-05-03_성향 People with Tendency	
		a01-06 **직업/지위/역할** Occupation/Status/Role		활동
			a01-06-01_직업 Occupation	직업분류(군) 직업의 대상
			a01-06-02_지위/벼슬 Status/Government Post	
			a01-06-03_역할 Role	
		a01-07 **준인간** Semi-Human		

개념범주(클래스)				개념 속성
기본	중위	하위(1단계)	하위(2단계)	
		a01-08 신체 Physical Body	**a01-08-01_부분체** Body Organs	신체기관
			a01-08-02_물질 Substance	
			a01-08-03_장애/질병 Disorders/Diseases	원인 증상 관련신체기관
	A02 기관/조직 Institution/Organization			목적 활동 관련제도/법률 대상
		a02-01 행정/공공기관 Administrative Agency/Public Institution		
		a02-02 교육기관 Educational Institution		
		a02-03 기업/회사 Enterprise/Company		
		a02-04 사회(종교)조직/단체 Social(Religious)Organization/Group		
A **개체**	**A03 자연물** Natural Object			
		a03-01 동물 Animals		학명 동물분류 분포지 수명 시대 크기(길이) 크기(무게) 크기(키)
		a03-02 식물 Plants		학명 식물분류 분포지 개화기 결실기 생지 시대 크기
		a03-03 자연(광물) Nature(Mineral)		
	A04 인공물 Artifacts			용도 대상
		a04-01 물품/제품/생산품 Goods/Products		

개념범주(클래스)				개념 속성
기본	중위	하위(1단계)	하위(2단계)	
A 개체		a04-02 재료/부품 Materials/Components		
		a04-03 교재/자료 Teaching Materials		
		a04-04 의류 Clothes		
		a04-05 식료품 Groceries		
		a04-06 도구/수단 Tools/Machines		
		a04-07 건축물/시설물 Buildings/Facilities		
		a04-08 교통수단 Transportation		
		a04-09 저작(창작)물/정보 Creative Works/Information		
B 활동 / 기능	B01 행위/활동/역할 Action/Activity/Role			행위자 행위대상(자) 목적
		b01-01 행위/활동 Action/Activity		
		b01-02 교육활동 Educational Activity		
		b01-03 경제/산업활동 Economic/Industrial Activity		
		b01-04 위법행위 Illigal Act		
		b01-05 신체운동/행동 Physical Activity/Action		
		b01-06 기능/역할 Fuction/Role		
	B02 변화/변동 Change			행위자 행위대상자
		b02-01 완화(감소/축소/쇠퇴) Relaxation (Decrease/Reduction/Decline)		
		b02-02 강화(증가/확장/신장) Reinforcement (Increase/Extension/Expansion)		

개념범주(클래스)				개념 속성
기본	중위	하위(1단계)	하위(2단계)	
B **활동** **/** **기능**		b02-03 **개혁(개편/재편/혁신)** Reformation(Reorganization /Rearrangement /Innovation)		
		b02-04 **변천/과정** Transition/Process		
		b02-05 **분해/합체** Decomposition/Integration		
C **특성**	C01 **특성/성질** Characteristic/Property			대상자
		c01-01 **경향/동향** Tendency/Trend		
		c01-02 **기질/품질/형질/성향** Disposition/Quality/Character/ Propensity		
		c01-03 **수준/정도** Level/Degree		
		c01-04 **능력/힘/에너지** Ability/Power/Energy		
		c01-05 **분포** Distribution		
		c01-06 **환경** Environment		
		c01-07 **감각** Sense		
	C02 **심리** Psychology			원인 해당자
		c02-01 **감정** Emotion		
		c02-02 **인식/의식** Cognition/Consciousness		
	C03 **현상/이슈** Phenomenon/Issue			원인 결과 대상
		c03-01 **상태/상황** Condition/Situation		
		c03-02 **격차/차이** Gap/Difference		

개념범주(클래스)				개념 속성
기본	중위	하위(1단계)	하위(2단계)	
C 특성		c03-03 문화/생활 Culture/Life		
		c03-04 경제/경영/무역 Economy/Management/Trade		
		c03-05 정치/국제 Politics/International Issues		
D 이론 / 방법	D01 이론(사상,이념,주의,법칙) Theory(Thought/Ideology/Principle/Rule)			주창자 관련자 반대이론/사상 시대 해당국가 대상주제
		d01-01 이론/사상 Theory/Thought		
		d01-02 원칙/법칙 Principle/Rule		
		d01-03 분과학문 Academic Discipline		
		d01-04 개념(정의) Concept(Definition)		
	D02 제도/체제 System			목적 대상 주관자 시대 관련법률/제도명 대체제도
		d02-01 사회제도 Social System		
		d02-02 정치/법률제도 Political System/Legal System		
		d02-03 경제/경영제도 Economic ystem/Management System		
	D03 방법 Method			
		d03-01 연구/조사 방법 Research/Investigation Method		
		d03-02 분석 방법 Analysis Method		

개념범주(클래스)				개념 속성
기본	중위	하위(1단계)	하위(2단계)	
D 이론 / 방법		d03-03 측정/척도 Measurement/Scale		
		d03-04 지수/지표 Index/Indicator		
	D04 기법/전략 Technique/Strategy			
		d04-01 기법/방식 Technique/Way		
		d04-02 평가/분석 Evaluation/Analysis		
		d04-03 교수/학습법 Teaching/Learning Method		
		d04-04 전략/전술 Strategy/Tactics		
E 형 식 / 틀	E01 형식/유형/양식/장르 Form/Type/Style/Genre			
		e01-01 문학장르 Literature Genre		
		e01-02 음악장르 Music Genre		
		e01-03 미술(디자인)양식 Genre of Fine Art(Desing)		
		e01-04 스포츠/놀이유형 Type of Sports/Recreations		
		e01-05 공연예술 Performing Art		
	E2 모형/기준 Model/Criteria			
		e02-01 모델/모형 Model		
		e02-02 패턴 Pattern		
		e02-03 기준/규칙 Criteria/Regulation/Qualification		
		e02-04 표준/규격 Standard		
		e02-05 인프라/구조/범위 Infrastructure/Structure/Scope		

개념범주(클래스)				개념 속성
기본	중위	하위(1단계)	하위(2단계)	
		e02-06 기호/신호 Symbol/Sign		
	E03 언어/각국어 Languages			
		e03-01 언어/문자 Language/Letter		언어(학)구분
		e03-02 각국어 Languages by Countries		어족 ISO639-2
E 형식 / 틀	E04 공간 Space			
		e04-01 인위적 공간 Artificial Space		
		e04-02 관념적 공간 Ideological Space		
		e04-03 자연적 공간 Natural Space		
	X01 지명 Place Name			원지명 위치 면적 인구
		x01-01 대륙(반도)명 Name of Continent(Peninsula)		
		x01-02 국가명 Name of Countries		수도 언어 인접국 동맹국
X 일반 / 공통		x01-03 도시/구/동명 Name of State/City/Town/Street/Avenue		
		x01-04 산/산맥명 Name of Mountain(s)		
		x01-05 바다/강/호수명 Name of Ocean / River/ ake		
		x01-06 천문(체)명 Name of Constellation / Astronomical Phenomena		
	X02 시대/시간 Period/Time			

법률용어의 구조적 정의에 의한 온톨로지 구축과 의미 검색에 관한 연구

개념범주(클래스)				개념 속성
기본	중위	하위(1단계)	하위(2단계)	
X 일반 / 공통		x02-01 시대 Period		대상지역 대상기간 용도
		x02-02 기간 Term		
		x02-03 시점 Time		
	X03 관계/상호작용 Relationship/Interaction			주체자 대상자
		x03-01 기원/유래/파생 Origin/Derivation		
		x03-02 비교/차이 Comparison/Distinction		
		x03-03 계층/등급/계통 Class/Grade/Line		
		x03-04 인과 Cause and Effect	(공통)	
			x03-04-01_원인/조건/요소 Cause/Condition/Element	
			x03-04-02_결과 Result	
			x03-04-03_효과/영향 Effect/Impact	
		x03-05 상호작용 Interaction	(공통)	
			x03-05-01_통합/결합/제휴 Combination/Union/Alliance	
			x03-05-02_교환/교류/교제 Exchange/Interchange/Relationship	
			x03-05-03_참여/중재 Participation/Arbitration	
			x03-05-04_반응/대응 Response/Correspondance	
			x03-05-05_역(대립/논쟁/투쟁) Inverse(Opposition/Argument/Struggle)	

개념범주(클래스)				개념 속성
기본	중위	하위(1단계)	하위(2단계)	
Y 인스 턴스	**Y01 인명** Person's Name			생몰년 시대 출생지 국적 저작 이론/사상 직업 지위/신분 소속 성별
		y01-01 **실존 인물** Real Person		
		y01-02 **가상 인물** Virtual Person		
	Y02 창작물명 Title of Creative Work			저작자 원서명 저작년 시대 장르/유형 이론/사상 수상명 판본
		y02-01 **문헌명** Title of Literature		
		y02-02 **예술작품명** Title of Works		
		y02-03 **신문/잡지명** Title of Newspaper/Magazine		
		y02-04 **방송(프로그램)명** Title of Broadcast Program		
		y02-05 **지도명** Title of Map		
		y02-06 **문서(보고서명)** Title of Document		
	Y03 사건명 Monument Name(Cultural Asset Name)			일자 시대 장소 주관자 대상자 관련자 원인 결과

개념범주(클래스)				개념 속성
기본	중위	하위(1단계)	하위(2단계)	
Y 인스 턴스		y03-01 사건명/회담명 Event Name/Title of Agreement		
		y03-02 국경일/기념일명 Name of National Holiday/Name of Anniversary		
		y03-03 행사/축제일명 Name of Ceremony/Name of Festival		
		y03-04 수상명 Name of Award		
	Y04 기념물/ 문화재명 Monument Name(Cultural Asset Name)			형태 구분 유형/장르 지정호수 지정일자 제작자 제작시대 제작(설립)년도 소재지 주소 소장처(자) 관리자(처)
	Y05 법률/제도명 Name of Law/Name of System			대상 목적 시대
		y05-01 법률/법령 Name of Law/Legislation		제정호수 제정 일자 폐기 일자 이전 법률명 이후 법률명
		y05-02 조약/협약 Name of Treaty/Name of Agreement		발효 일자 관련국가
		y05-03 정책(제도)명 Name of Policy/Name of System		시행 일자 입안자(관련자) 시행국가(지역)
	Y06 기관/단체명 Institution Name/Organization Name			이전기관명 이후기관명 설립목적 설립일자 해산일자 개정일자 시대 설립자

개념범주(클래스)				개념 속성
기본	중위	하위(1단계)	하위(2단계)	
Y 인스 턴스	**Y06 기관/단체명** Institution Name/Organization Name			소재지
		y06-01 **조직 및 단체명** Organization Name/Group Name		구분 주소 근거법/제도
		y06-02 **정부(왕조)명** Name of overnment(Dynasty)		
		y06-03 **학파/종파명** Name of School/Name of Denomination		
		y06-04 **회의명** Name of Meeting		
	Y07 상품명 Product Name			제조자 시대 생산국 사용목적
		y07-01 **도구/수단명** Name of Instrument/Tool		
		y07-02 **제품/브랜드명** Product Name/Brand Name		
		y07-03 **건축물명/시설물명** Name of Building/Name of Facility		소재지
	Y99 기타개체명 Other Entity Name			유개념어
Z	**Z99 기타주제어** Other Subject			추천범주

구분		연번	관계 유형	관계명(역관계명)	범위	
					X	Y
동등 관계	동의어	1	동의어	UF(Use)	개념	동의어
	전후명	2	전후관계	PT(LT)	개념	이전명
계층 관계	종-속	3	계층 일반	NT(BT)	개념	개념
		4	종류(유형)	hasKind(isKindOf)	개념	종류, 유형, 종, 브랜드
	전체-부분	5	분과·계통	hasBranch(isBranchOf)	개념	분과
		6	구성 요소	hasComponent(isComponentOf)	전체	구성 요소
		7	구성원	hasMember(isMemberOf)	집단, 그룹, 조직체	구성원
		8	구성물질	containsSubstance(substanceContainedIn)	자연물	물질
		9	재료	hasIngredient(isIngredientOf)	인공물	성분, 재료
		10	공간적 부분	spatiallyIncludes(isSpatiallyIncludedIn)	공간	공간적 부분
	개념-사례	11	사례	hasInstance(isInstanceOf)	개념	사례
연관 관계	개념적 연관	12	연관 일반1	RT(역관계명 동일)	개념	개념
		13	연관 일반2	RT_X(RT_Y)	개념	개념
		14	이슈	hasIssue(isIssueIn)	개념	논점, 쟁점, 화제
		15	개념적 부분	conceptuallyRelatedTo(isConceptOf)	개념	개념적 부분
		16	현상	hasPhenomenon(isPhenomenonOf)	행위, 활동	현상
		17	근거·토대	baseOn(isBaseFor)	제도, 이론	근거, 토대
		18	영향	affects(isAffectedBy)	변화요인, 상황, 상태, 개체	현상, 행동
		19	특성·속성	hasProperty(isPropertyOf)	개념	특성, 속성
		20	목적	hasPurpose(isPurposeOf)	대상	목적
		21	인과 관계	hasResult(isCausedBy)	원인	결과, 산물
		22	주제	hasSubject(isSubjectIn)	학문, 사상, 예술	주제
		23	기원·근원	originateFrom(isOriginOf)	개념	기원, 근원

구분		연번	관계 유형	관계명(역관계명)	범위	
					X	Y
연관 관계	개념적 연관	24	과정	hasProcess(isProcessOf)	개념	과정
		25	주체자와 대상자	hasPatient(isPatientOf)	주체자	대상자
		26	상태	hasState(isStateOf)	사물, 현상	상태
		27	정도·수준	hasDegree(isDegreeOf)	개념	정도, 수준
		28	합류·통합	isTributaryOf(hasTributary)	개념	합류, 통합
	기능적 연관	29	적용	applies(appliesTo)	적용, 응용 주체	방법, 모형, 이론
		30	대항·억제	hasOpposition(isOppositionOf)	개념	개념
		31	측정	hasMeasurement(isMeasurementOf)	방법, 기법, 수단	측정
		32	관리	manages(isManagedBy)	관리주체	관리 대상
		33	분석	analyses(isAnalyzedBy)	방법	분석 대상
		34	평가	evaluates(evaluatedBy)	개념	평가 대상
		35	방법·기법	hasMethod(isMethodOf)	개념	방법, 기법
		36	생산·제작	isProducedBy(produces)	사건, 상품, 예술	주관자, 생산자, 실연자
		37	해결책	hasSolution(isSolutionFor)	문제, 이슈	방법, 수단
		38	대체물	hasReplacement(isReplacementOf)	개념	대체물
		39	보완물	hasSupplement(isSupplementOf)	개념	보완물
		40	주창자	advocates(isAdvocatedBy)	주창자	이론, 사상, 법칙, 제도
		41	설립자	hasFounder(isFounderOf)	기관, 단체	설립자
		42	창작자	hasWork(hasCreator)	창작물	창작자
	시간적 연관	43	선행, 후행	precedes(succeedes)	시대, 현상	시대, 현상
		44	동시 발생	co-occursWith(역관계명 동일)	사건, 현상	사건, 현상
		45	시대	hasEra(역관계 없음)	개념	시대

구분		연번	관계 유형	관계명(역관계명)	범위	
					X	Y
연관 관계	공간적 연관	46	근접	isAdjacentTo(역관계명 동일)	물리적 대상	물리적 대상
		47	경계	surrounds(isSurroundsBy)	공간	공간
		48	교차	traverses(isTraversedBy)	지역	지역
		49	장소	hasLocation(역관계 없음)	개념	장소, 소재지
	물리적 연관	50	형태·외형	hasForm(isFormOf)	개념	형태, 모양
		51	연결·부착	isConnectedTo(역관계명 동일)	개념	연결, 부착
	반의	52	반의어	hasAntonym(역관계명 동일)	개념	개념

대분류(편)	중분류(장) : 소분류(절)
제1편 헌법	제1장 헌법전
	제2장 국가・국민 : 제1절 국토・통일 / 제2절 국호・국기・연호 등 / 제3절 국민 / 제4절 상훈・전례・국경일
	제3장 헌법재판소
제2편 국회	제1장 국회・국회의원
	제2장 국회사무처 : 제1절 조직・운영 / 제2장 인사・복무 / 제3절 문서・서무・재무 등
	제3장 국회도서관
	제4장 국회예산정책처
	제5장 국회입법조사처
제3편 선거・정당	제1장 선거관리위원회
	제2장 선거・국민투표
	제3장 정당・정치자금
제4권 행정일반	제1장 행정조직 일반 : 제1절 통칙 / 제2절 대통령직인수・대통령소속기관 / 제3절 국무총리소속기관 / 제4절 통일부 / 제5절 행정안전부
	제2장 행정작용 일반
	제3장 문서・관인: 제1절 문서 / 제2절 관인 / 제3절 관보・법령집 등
제5편 국가공무원	제1장 통칙
	제2장 임용
	제3장 보수・실비변상
	제4장 복무・능률・교육훈련
	제5장 징계・소청
	제6장 연금
제6편 법원	제1장 조직
	제2장 법원행정 : 제1절 통칙 / 제2절 인사・복무 / 제3절 문서・서무・재무
	제3장 집행관
	제4장 법무사
제7편 법무	제1장 행정조직・통칙 : 제1절 법무부 / 제2절 검찰청
	제2장 법무행정 : 제1절 인사・복무 / 제2절 재무 / 제3절 검찰사무
	제3장 변호사・공증인
	제4장 국적・출입국
	제5장 법률구조 범죄피해자구조
제8편 민사법	제1장 민법

대분류(편)	중분류(장) : 소분류(절)
제8편 민사법	제2장 상법
	제3장 민사절차(1) : 제1절 민사소송・행정소송(1)
	제3장 민사절차(2) : 제1절 민사소송・행정소송(2) /제2절 가사소송・비송사건 / 제3절 조정・파산・회사정리 / 제4절 소송비용
	제4장 등기
	제5장 공탁
	제6장 가족관계등록
제9편 형사법	제1장 형법
	제2장 보안처분
	제3장 형사절차
	제4장 교정・보호 : 제1절 행형/(제2절 삭제) /제3절 교도작업 /제4절 소년
	제5장 형사보상
	제6장 사면・복권
제10편 지방제도	제1장 행정조직・통칙
	제2장 지방자치 : 제1절 통칙 / 제2절 지방행정 일반
	제3장 지방공무원
	제4장 지방재정 : 제1절 지방재정 /제2절 지방세 /제3절 도로명 등
	제5장 지방공기업
	제6장 지역개발
제11편 경찰	제1장 행정조직・통칙
	제2장 경찰직무
	제3장 경찰공무원 : 제1절 통칙 / 제2절임용/제3절 복무・교육훈련 / 제4절 상훈・징계
	제4장 경비・방호
	제5장 보안
	제6장 교통
제12편 민방위・소방	제1장 민방위
	제2장 소방 : 제1절 행정조직・통칙 /제2절 소방공무원 /제3절 소방
	제3장 재난관리
제13편 군사	제1장 행정조직・통칙
	제2장 군인・군무원 인사 : 제1절 군인사 / 제2절 군무원인사
	제3장 상훈・예식・보상
	제4장 군수・재무
	제5장 군사보안・군사시설

대분류(편)	중분류(장) : 소분류(절)
제13편 군사	제6장 군통신
	제7장 계엄·통합방위·징발
	제8장 군법·군사법원
	제9장 비상대비자원관리
제14편 병무	제1장 행정조직·통칙
	제2장 병무
	제3장 예비군
제15편 국가보훈	제1장 행정조직·통칙
	제2장 국가보훈
제16편 교육·학술	제1장 행정조직·통칙
	제2장 학교교육: 제1절 통칙/제2절 학력인정/제3절 학교의 설치·시설/ 제4절 사립학교 /제5절 교원/제6절 장학 / 제7절 교육재정 / 제8절 교육진흥
	제3장 학교보건
	제4장 학·예술진흥
	제5장 인적자원개발·사회교육
	제6장 국외유학·재외국민교육
	제7장 체육·청소년육성
제17편 문화·공보	제1장 행정조직·통칙
	제2장 문화·예술
	제3장 문화재
	제4장 언론·출판·저작권 : 제1절 언론·출판 /제2절 저작권
	제5장 방송
	제6장 종교·사회단체
제18편 과학·기술	제1장 행정조직·통칙
	제2장 과학기술진흥
	제3장 원자력
	제4장 천문·기상
제19편 재정 · 경제일반	제1장 행정조직·통칙 : 제1절 감사원 / 제2절 기획재정부 / 제3절 조달청
	제2장 예제 : 제1절 통칙 / 제2절 특별회계·기금 /제3절 회계·경리 / 제4절 계약·회계
	제3장 국유재산
	제4장 물품관리
	제5장 채권관리
	제6장 회계검사

대분류(편)	중분류(장) : 소분류(절)
제19편 **재정** **·** **경제일반**	제7장 정부투자기관관리
	제8장 공인회계사
	제9장 물가·공정거래·외자 : 제1절 물가·공정거래·소비자보호 / 제2절 외자도입·관리 /제3절 민간투자
	제10장 통계
제20편 **내국세**	제1장 행정조직·통칙
	제2장 조세통칙
	제3장 목적세
	제4장 간접세
	제5장 직접세
제21편 **관세**	제1장 행정조직·통칙
	제2장 관세
제22편 **담배·인삼**	제1장 통칙
	제2장 담배
	제3장 인삼
제23편 **통화** **·** **국채** **·** **금융**	제1장 행정조직·통칙
	제2장 통화·국채
	제3장 금융통칙
	제4장 금융기관·금융업
	제5장 신탁업
	제6장 보험
	제7장 증권·자본시장
	제8장 외환
	제9장 금융지원 등
	제10장 저축 장려
제24편 **농업**	제1장 행정조직·통칙: 제1절 농림축산식품부 / 제2절 농촌진흥청
	제2장 농지
	제3장 양정
	제4장 인삼
	제5장 농정 : 제1절 통칙 /제2절 농수산물가격안정·유통/제3절 농업협동 조합·농업금융 / 제4절 종자·종묘개량 / 제5절 비료·농약·식물 방역 / 제6절 농수산물 품질관리 / 제7절 농어업재해대책
제25편 **축산**	제1장 행정조직·통칙
	제2장 축산진흥

대분류(편)	중분류(장) : 소분류(절)
제25편 축산	제3장 초지·사료
	제4장 가축위생·축산물검사
	제5장 경마 등
제26편 산림	제1장 행정조직·통칙
	제2장 산림
제27편 수산	제1장 행정조직·통칙
	제2장 수산진흥
	제3장 수산업
	제4장 수산자원보호
	제5장 수산생물질병 관리
	제6장 어항·어선
제28편 상업·무역·공업	제1장 행정조직·통칙
	제2장 중소기업
	제3장 상업·상공인단체
	제4장 무역
	제5장 공업
제29편 공업규격·계량	제1장 행정조직·통칙
	제2장 산업표준
	제3장 공산품품질관리
	제4장 계량
제30편 산업재산권	제1장 행정조직·통칙
	제2장 특허·실용신안
	제3장 의장·상표
제31편 에너지이용·광업	제1장 행정조직·통칙
	제2장 에너지이용
	제3장 광업 : 제1절 통칙 /제2절 석탄/제3절 석유/제4절 광산안전
제32편 전기·가스	제1장 행정조직·통칙
	제2장 전기
	제3장 가스
제33편 국토개발·도시	제1장 행정조직·통칙
	제2장 국토개발 : 제1절 국토계획 / 제2절 산업입지및개발 / 제3절 자연공원
	제3장 도시 : 제1절 도시계획 / 제2절 도시계획시설/제3절 도시개발

대분류(편)	중분류(장) : 소분류(절)
제34편 **주택** • **건축** • **도로**	제1장 행정조직·통칙
	제2장 주택
	제3장 건축
	제4장 도로 : 제1절 통칙 / 제2절 고속도로·유료도로 /제3절 사도
제35편 **수자원** • **토지** • **건설업**	제1장 행정조직·통칙
	제2장 수자원 : 제1절 하천·지하수 / 제2절 수자원개발 / 제3절 공유수면
	제3장 토지·측량
	제4장 건설업·건설기계관리 : 제1절 건설업 / 제2절 건설기계관리
제36편 **보건** • **의사**	제1장 행정조직·통칙
	제2장 보건 : 제1절 식품위생 /제2절 공중위생 /제3절 예방보건 /제4절 검역
	제3장 의사·혈액관리
제37편 **약사**	제1장 행정조직·통칙
	제2장 약사
	제3장 마약류
	제4장 화장품
제38편 **사회복지**	제1장 행정조직·통칙
	제2장 사회복지 통칙
	제3장 생활보호
	제4장 재해구호
	제5장 아동·노인·장애인·모자복지
	제6장 사회보험
	제7장 가정의례
제39편 **환경**	제1장 행정조직·통칙
	제2장 환경보전
	제3장 폐기물관리
제40편 **노동**	제1장 행정조직·통칙
	제2장 노정
	제3장 근로기준
	제4장 산업안전
	제5장 고용
	제6장 작업훈련
	제7장 노동보험·복지

대분류(편)	중분류(장) : 소분류(절)
제41편 **육운 ·** **항공** · **관광**	제1장 행정조직 · 통칙
	제2장 교통안전 · 교통정비
	제3장 철도: 제1절 철도운송 /제2절 철도관리 / 제3절 재무
	제4장 궤도
	제5장 관광
	제6장 도로운송
	제7장 물류
	제8장 항공
제42편 **해운**	제1장 행정조직 · 통칙
	제2장 해상운송
	제3장 선박
	제4장 선원 · 어선원 · 항만인력
	제5장 항만
	제6장 해상보안
	제7장 해난심판
	제8장 연안관리
제43편 **정보통신**	제1장 행정조직 · 통칙
	제2장 우정
	제3장 정보통신
	제4장 전파
	제5장 체신금융
제44편 **외무**	제1장 행정조직 · 통칙
	제2장 외무공무원
	제3장 영사
	제4장 재외국민
	제5장 해외이주
	제6장 국제협력
제45편 **조약**	제1장 다자조약
	제2장 양자조약

ABSTRACT

A Study on the Extracting Ontologies from Structural Definition–Based Legal Terminology and the Semantic Retrieval

Hyun, Eun Hee
Department of Library and Information Science
Graduate School of Sungkyunkwan University

The thesaurus systems of national agencies as search tools need to transform their controlled language searches into the semantic searches under the current lively discussions on the ontology construction for the purpose of semantic retrieval and sharing the resources in the web. This study aims to verify the possibility of ontology transformation by restructuring the semantic relations among the legal descriptors extracted from the existing National Assembly Library Thesaurus System. Considering the recent information technology trends for designing semantic web, this study adopted the methodology and model presented by the Structural Terminology Net(STNet). For this approach of structural definition-based terminology, 12,203 legal descriptors from the thesaurus system and 4,990 current legislation from the National Law Information Center were structurally defined and built in the relational database(RDB) by way of organizing the semantic vocabularies for the legal terminology. Then, the RDB data were converted to RDF graphs and the generating legal domain ontology were tested by SPARQL queries with the inference engine of the Protégé editor. The main results of this study are as follows:

Firstly, legal taxonomy was developed by analyzing the classifications of 5 major national law information systems. The commonly adopted '44 fields and 215 chapters' in the legal domain were matched with STNet taxonomy to integrate the current law and legal terminology.

Secondly, the metadata provided by the National Law Information Center were defined as the properties of law instances and 'the fields' property of law was structured as the coding scheme of RDB to link the semantic relations between the current law and legal terminology.

Thirdly, the semantic vocabularies from linked open vocabularies to improve interoperability of web data mapped the specifications consisting of 10 concept properties in the legal instance class and 32 terms to describe semantic relations of data between the two classes.

Fourthly, based on the legal taxonomy and semantic vocabularies, the legal terminology was structured in relational database. Then the legal data of RDB mapped the RDF graphs by applying the D2RQ server system.

Lastly, SPARQL query by setting very complicated search scenarios for semantic search was executed in the converted legal ontology and the results show the logical combination of semantically related term data, which would be difficult to deduce results via traditional Information retrieval systems.

This paper has a significance in that it could confirm the transformation of the existing thesaurus into ontology system based on the structural definition-based terminology methodology. Furthermore the outcome of this research would be foundations for constructing the legal domain ontology by defining the metadata of law and 'fields' of legal classes as the legal properties to link and to integrate the current law and legal terminology. Hopefully there will be many follow-up studies which deepen the research in each academic field and domain to develop domain ontology including history.

Keyword

현은희 ───────

(현) 국회도서관 정보관리국장
제16회 입법고등고시 합격
성균관대학교 문헌정보학과 박사
KDI 국제정책대학원 정책학 석사
연세대학교 문헌정보학과 졸업

법률용어의 구조적 정의에 의한

온톨로지 구축과
의미 검색에 관한 연구

A Study on the Extracting Ontologies
from Structural Definition-Based Legal Terminology
and the Semantic Retrieval

초판인쇄 2020년 11월 30일
초판발행 2020년 11월 30일

지은이 현은희
펴낸이 채종준
펴낸곳 한국학술정보㈜
주소 경기도 파주시 회동길 230(문발동)
전화 031) 908-3181(대표)
팩스 031) 908-3189
홈페이지 http://ebook.kstudy.com
전자우편 출판사업부 publish@kstudy.com
등록 제일산-115호(2000. 6. 19)

ISBN 979-11-6603-221-9 93020